KB040199

선생님과 함께하는
백
미
타
백일의 미라클 타임

십대부터 시작하는 미라클모닝

배민관, 김현서, 손민지, 송민주 지음

ㅇㅅ

프롤로그

내 인생의 주인이 되는 기적의 시간

십대에는 하루에도 수백 번씩 감정이 요동칩니다. 즐겁다가도 불안해지고, 쉽게 고민에 빠지기도 하죠. 게다가 스트레스를 푸는 법, 나를 위로하는 법도 잘 알지 못합니다. 하지만 누구도 이런 십대에게 감정을 다스리는 법이나 자신을 돌아보는 법을 제대로 알려주지 않습니다. 그러다 보니 아이들은 '내가 하고 싶은 건 뭐지?', '내 감정이 왜 이러지?', '무엇을 위해 살지?'라고 스스로 질문하며 많은 고민에 빠져 방황합니다. 또한 몇몇은 사회가 정해놓은 기준을 정답이라고 배우며 나에 대해 고민하는 시간을 충분히 갖지 못한 채 자라기도 합니다.

사실 이 책을 쓴 우리도 마찬가지였습니다. 선생님이 되어서도 '어떻게 해야 '나'를 잘 돌볼 수 있을까? 어떻게 해야 행복해질 수 있을까?'를 똑같이 고민했었죠. 그렇게 '나'를 찾고자 했던 선생님들이 모여 '미라클 모닝'을 시작하게 되었습니다. 평소보다 조금씩 일찍 일어나 명상을 하고, 감사일기를 쓰며 긍정 확언을 통해 자신을 돌보는 시간을 공유했습니다. 그러다 누군가는 슬럼프에 빠지기도 했지만 함께 하는 이들의 모습을 보며 금세 회복할 수 있었죠. 지금은 자연스레 자신을 돌보며 행복을 찾는 습관을 갖게 되었습니다. 그렇게 교사 미라클 모닝은 서로 다독이고 응원하면서, 4년째 운영 중입니다.

'함께 하는 미라클모닝의 힘'을 깨달은 네 명의 선생님은 아이들에게도 이 기적의 시간을 전하기 위해 고민하기 시작했습니다. 그리고 아침이라는 시간에 구애받지 않기 위해 미라클 타임이라는 용어도 만들어 보았죠. 그렇게 '백일의 미라클 타임'이 탄생했습니다.

백미타는 우리 아이들에게 인생의 정답을 가르쳐주지는 않습니다. 대신 '나'에 대해 고민할 수 있는 질문을 던짐으로써 자신의 목소리를 들을 수 있는 시간을 마련해 주고자 합니다. 또한 네 명의 선생님이 미라클 타임을 통해 깨달은 노하우를 공유함으로써 어렵지 않게 습관으로 자리 잡도록 도울 것입니다. 아이들은 백 일 동안 미라클 타임을 통해 나의 내면을 바라보고, 내가 원하는 것을 알게 될 것입니다. 그 길을 함께 달려줄 네 명의 선생님이 여기 있습니다. 백미타를 통해서 자신의 시간을 소중히 다루고 일상을 감사히 여기는 아이들이 되기를 응원합니다.

끝으로, 책을 통해 아이들을 만날 수 있도록 도와주신 박윤희 대표님과 바쁜 일정 중에도 교정 교열로 아름답게 문장을 다듬어주신 김유진 선생님, 그리고 매일 아침을 함께 열고 있는 교사 미라클 모닝 선생님들께도 진심으로 감사의 마음을 전합니다.

목차

목차

1
2
3
4
5
백미타

백미타 시작하기 전에

환영합니다!

백일완성 미라클 타임, 백미타를 통해 기적을 경험할 준비가 되었나요? 달리기 선수들은 경기에 참여 하기 전에 뛸 거리, 경기 규칙, 선수번호 등을 꼭 확인합니다. 우리도 백미타를 달리기 전에 미리 확인할 것이 있습니다. 하나씩 살펴보고 백일간의 미라클 타임, 힘차게 시작해봅시다!

1. 선생님 소개

우리는 매일 네 명의 선생님을 번갈아 만나게 됩니다. 함께 달리는 동안 힘이 되어줄 응원의 말과 미라클 타임에 대한 여러가지 이야기와 꿀팁들로 매일 여러분을 찾아갑니다. 페이지마다 선생님들을 상징하는 4가지 색깔로 여러분을 맞이하며 다양한 이야기를 들려줍니다. 그럼 네 분의 선생님을 소개합니다!

2. 우리만의 애칭 : 달리미

여러분 곁에 선생님들이 늘 함께하고 있다는 마음과 애정을 듬뿍 담아 애칭을 정했습니다. 바로 '달리미'입니다. '달리미'는 백미타를 달리는 기적의 아이라는 뜻을 담았습니다.

3. 함께 달려요! : 백미타 오픈 채팅방 

네 명의 선생님이 달리미를 만나는 기적이 가능해진 것은 혼자가 아닌 여러 명의 선생님과 함께 했기 때문입니다. 이렇게 여럿이 달리다 보면 서로 응원하고 격려하는 과정 속에서 힘을 얻고 긍정적인 영향을 주고 받게 됩니다. 달리미들, 함께 달릴 준비가 되었나요?
그렇다면 백미타 오픈 채팅방으로 달리미를 초대합니다!

* <<백미타>> 채팅방 QR 코드는 책 뒷 날개에도 있습니다.

백미타 사용 설명서

1. 1일차 미라클타임 월 일 시 분

2. 안녕! 만나서 반가워요. 배쌤이에요.
앞으로 달리미가 끝까지 달릴 수 있도록 쌤이 함께 할 거예요!

3. 미라클 타임 비법 1 #일어나자마자 좋아하는 일 하기

혹시 '미라클 모닝'에 대해 들어본 적이 있나요? '미라클 모닝'이란 아침에 일찍 일어나서 그 시간을 행복하게 만드는 방법을 말합니다. 전 세계적으로 많은 사람이 이 '미라클 모닝'에 동참하고 있어요. 달리미의 아침은 어떤 모습인가요? 5분만 더 자고 싶기도 하고 알람 소리가 그만 울렸으면 좋겠다고 생각할 때도 있죠. 선생님도 아침에 일어나는 게 너무 힘든 올빼미형 인간이었어요. 하지만 이제는 아침 시간을 기다리는 사람으로 바뀌었답니다. 어떻게 이런 변화가 일어났는지 궁금하죠? 선생님이 앞으로 그 비법을 알려줄 테니 잘 익혀서 함께 도전해봅시다. 꾸준히 따라오다 보면 여러분도 분명히 달라진 아침을 즐길 수 있을 거예요.

오늘은 그 첫 번째! [아침에 일어나자마자 내가 좋아하는 일 하기]. 여러분이 정말 좋아해서 시간 가는 줄 모르고 하는 일들을 몇 가지 적어보세요. 그리고 아침에 눈을 뜨자마자 바로 그 일을 해보는 거예요. 어렵지 않죠? 자, 그럼 다음 비법에서 만납시다.

4. 감사의 말

5. 확신의 말

6. 운동 / 독서

7. to do list

1미타 3미타 7미타 21미타

1. 미라클 타임 시간

하루 중 미라클타임을 하기 **시작하는 시간**을 적습니다.

아침, 점심, 저녁, 밤 등 내가 **미라클 타임**을 시작하는 시간이면 언제든 가능합니다.

만일, 목표하는 시간이 있다면 연필로 미리 써놓아도 좋습니다.

2. 응원의 말

달리미에게 **힘이 되는 말**을 가득 담았습니다. 편안한 마음으로 읽어보세요.

3. 오늘의 글

배쌤 : 미라클 타임 비법, 백미타 퀘스트, 배쌤의 백미타 이야기, 도전을 넘어 습관으로

현서쌤 : 도전해봐요, 현서쌤 수다

쏭쌤 : 5분 명상, 마음 챙김, 몸 챙김, 순간의 기록

만두쌤 : 오늘의 질문, 오늘의 습관 만들기, 우리의 이야기

4. 감사의 말

내가 가진 것, 고마운 사람들, 당연한 일들 모두 감사할 수 있습니다.

사소한 것도 좋습니다. 감사하다고 표현하면서 지니게 되는 마음이 행복으로 이어집니다.

(예) 잠을 푹 자서 감사합니다. 우산을 빌려준 친구에게 고맙습니다.

5. 확신의 말

확신의 말이란, 긍정적인 말을 **스스로 다짐하는 것**으로 **'긍정 확언'**이라고도 합니다.

확신의 말을 자주 할수록 그 말은 현실이 될 확률이 높아집니다. 아래 예시를 참고하여 진짜 이 말처럼 될 거라는 믿음으로 확신의 말을 써 보고 소리내 읽어봅시다.

(예) 나는 할 수 있다. 나는 나를 믿는다. 나는 귀하고 소중한 존재이다. 나는 매일 성장한다. 어떤 힘든 일이 있어도 극복한다. 내가 하는 선택은 모두 최선의 선택이다.

6. 운동/독서

계획을 적어도 좋고, 하루 동안 실천한 것을 적어도 좋습니다.

운동 : 걷기, 계단 오르기 등의 간단한 움직임도 가능합니다.

독서 : 책 한 장 읽기, 독서 10분 등과 같이 책과 관련된 것을 적습니다.

7. to do list

오늘 하고 싶은 일이나 **해야 할 일,** 또는 **목표로 삼은 일**을 적습니다.

만일 그 일이 한 가지라면 한 칸만 쓰면 됩니다. 나 자신과의 약속을 지켜봅시다.

십대도 쉽게 즐기는
미라클모닝

월 일 시 분

안녕! 만나서 반가워요. 배쌤이에요.
앞으로 달리미가 끝까지 달릴 수 있도록 쌤이 함께 할 거예요!

미라클 타임 비법 1 #일어나자마자 좋아하는 일 하기

혹시 '미라클 모닝'에 대해 들어본 적이 있나요? '미라클 모닝'이란 아침에 일찍 일어나서 그 시간을 행복하게 만드는 방법을 말합니다. 전 세계적으로 많은 사람이 이 '미라클 모닝'에 동참하고 있어요. 달리미의 아침은 어떤 모습인가요? 5분만 더 자고 싶기도 하고 알람 소리가 그만 울렸으면 좋겠다고 생각할 때도 있죠. 선생님도 아침에 일어나는 게 너무 힘든 올빼미형 인간이었어요. 하지만 이제는 아침 시간을 기다리는 사람으로 바뀌었답니다. 어떻게 이런 변화가 일어났는지 궁금하죠? 선생님이 앞으로 그 비법을 알려줄 테니 잘 익혀서 함께 도전해봅시다. 꾸준히 따라오다 보면 여러분도 분명히 달라진 아침을 즐길 수 있을 거예요.

오늘은 그 첫 번째! [아침에 일어나자마자 내가 좋아하는 일 하기]. 여러분이 정말 좋아해서 시간 가는 줄 모르고 하는 일들을 몇 가지 적어보세요. 그리고 아침에 눈을 뜨자마자 바로 그 일을 해보는 거예요. 어렵지 않죠? 자, 그럼 다음 비법에서 만납시다.

감사의 말	
확신의 말	
운동 / 독서	
to do list	

1미터 3미터 7미터 21미터 50미터

2일차 미라클타임 월 일 시 분

현서쌤이에요! '시작이 반이다' 라는 속담 알죠?
마음먹고 여기까지 책을 펼쳤으니 벌써 절반은 성공!

도전해봐요 #공언효과

안녕하세요, 현서쌤입니다! 우리가 함께하는 첫 번째 미라클 타임이에요. 미라클 타임을 처음 시작할 때 할 수 있는 활동을 알려줄게요. 먼저 포스트잇을 꺼내서 '백미타를 통해 성장하고 싶은 나의 모습' 세 가지를 씁니다. '100일 후 미라클타임을 습관으로 만들기'와 같이 말이죠. 그리고 미라클 타임을 보낼 자리에서 제일 잘 보이는 곳에 붙여놓습니다. 그다음, 100일 동안 포스트잇을 보면서 계속해서 자신의 모습을 상상해보세요. 그러다 보면 의지가 불타오르는 '나'를 만나게 될 거예요. 마지막으로 오늘 가족과 친구들에게 '백미타를 통해 성장하고 싶은 나의 모습' 세 가지를 이야기해보아요! 주변의 사람들에게 이야기하고 나면 책임감이 더욱 자랄 겁니다.

선생님도 여러분이 목표한 세 가지를 이룰 수 있게 옆에서 응원할게요!

감사의 말	
확신의 말	
운동 / 독서	
to do list	

월 일 시 분

쏭쌤이에요! 작심삼일도 계속하면 습관이 된다는 말이 있죠.
미라클 타임을 습관으로 만들어봐요!

백.미.타. 경주의 시작 #달리미들에게

달리미들 안녕! 👋
앞으로 여러분과 함께 백.미.타.를 달려 나갈 쏭쌤입니다. 만나서 반가워요. 쌤들과 함께 차근차근히 한 걸음씩 미라클 타임을 즐기면 좋겠어요. 때론 걸어도 되고 주저앉아 쉬어도 좋아요. 포기만 하지 말고 백미타 경주를 완주해봅시다!

준비, 땅!

친구들이나 가족과 함께 백미타를 진행하거나 백미타 오픈 채팅방에 참여해도 좋아요!(11쪽 참고) 여럿이 함께할수록 의지가 더 생길 거예요. 함께 달려 나갈 준비되었나요?
신발 끈 꽉 묶고, 출발선에 섰죠?
준비, 땅!

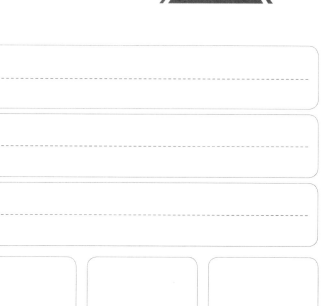

1미타 3미타 7미타 21미타 50미타

월 일 시 분

안녕, 만두쌤이에요 :) 달리미의 백미타,
그 길을 함께 달리게 되어 영광입니다. 우리 자주 만나요!

오늘의 질문 #오늘 하루는 누구의 것인가요?

'티끌 모아 태산'이라는 속담을 들어본 적 있죠? 먼지나 모래같이 작은 부스러기도 모이고 모이면 태산같이 높은 산이 될 수 있다는 뜻이 담긴 말이에요. 여기서 우리가 집중할 부분은 바로 티끌이에요. 내 인생 전체를 생각했을 때 오늘 하루는 티끌과 같습니다. 하루가 7번 쌓이면 일주일이 됩니다. 일주일이 4번 쌓이면 한 달, 그리고 열두 달은 1년, 그 해들이 쌓여 내 인생이 됩니다. 즉, 내가 오늘 하루의 주인으로 살았다면 내 인생의 주인이 될 가능성이 커지는 거예요.

우리, 태산 한번 만들어봐요. 열심히 티끌 모으는데 그냥 두기엔 아깝잖아요. 내 인생의 주인이 되기 위한 오늘 미라클 타임, 같이 시작해봐요!

나의 다짐

감사의 말	
확신의 말	
운동 / 독서	
to do list	

5일차 미라클타임 월 일 시 분

오늘은 기분이 좋아♬ 기분 좋다! 를
신나게 외치고 시작해봐요. 기분 좋다!!

미라클 타임 비법 2 #다시 일어서기

첫 번째 미라클 타임 비법은 잘 적용해보았나요? 오늘은 두 번째 비법이에요. 실패했다고 좌절하지 말고 [다시 일어서기]. 앞으로 100일 동안 달리다 보면 분명 넘어지는 날도 있고 포기하고 싶은 날도 있을 거예요. 이건 달리미만 겪는 일이 아니랍니다. 7년째 미라클 모닝을 실천하고 있는 선생님도 그런 날이 있어요.

우리가 자전거를 탈 때 가장 먼저 배우는 것은 무엇인가요? 맞아요. 브레이크를 잡아서 멈추는 법을 배우죠. 미라클 타임도 마찬가지예요. 온전히 달리미의 것으로 익히기 전까지는 돌발 상황이 생겼을 때, 안전하게 멈출 수 있어야 합니다. 오늘 미라클 타임을 놓쳤다고 해서 자신을 탓하지 말아요. 대신 양손으로 반대쪽 어깨를 잡고 토닥이며 다음 문장을 소리 내어 읽어봅시다.

"괜찮아. 누구나 다 겪는 일이잖아. 나에게는 다시 도전할 수 있는 내일이 있어!"

감사의 말	
확신의 말	
운동 / 독서	
to do list	

1미타 3미타 7미타 21미타 50미타

월 일 시 분

잘하는 것도 중요하지만 꾸준히 하는 게 더 중요한 거 알지?
100일까지 꾸준함을 보여줘~♡

도전해봐요 #좌우명 정하기

'우공이산'이라는 사자성어를 들어본 적이 있나요? '어리석은 일처럼 보여도 한 가지 일을 꾸준하게 하면 목표를 이룰 수 있다.'는 뜻이에요. 선생님은 어릴 때 책에서 '우공이산' 이야기를 읽고 좌우명으로 삼아야겠다고 다짐했어요.

학창 시절, '교사가 되겠다.'라는 목표를 이루기 위해 노력하면서도 힘들 때가 많았답니다. 그럴 때마다 책상 위에 조그맣게 써놓은 '우공이산'이란 좌우명을 소리 내어 읽으며 다시 마음을 다잡을 수 있었고 최선을 다해 노력할 수 있었어요. 좌우명은 힘들 때 나를 지탱해 주는 주문이 될 수도 있어요. 그러니 오늘은 자신의 좌우명을 만들어봅시다. 책이나 스마트폰을 이용해서 명언이나 좌우명을 검색하고 가장 마음에 드는 걸 골라도 좋아요. 그리고 포스트잇에 써서 가장 잘 보이는 곳에 붙여볼까요? 좋은 글귀나 명언을 찾아 읽는 것만으로도 기분이 좋아지고 용기가 생기는 걸 느낄 수 있을 거예요!

감사의 말

확신의 말

운동 / 독서

to do list

7일차 미라클타임 월 일 시 분

행운의 숫자, 7일 차! 일주일 동안 백미타를 잘 해냈어요.
오늘도 행운과 행복이 가득 찬 하루가 되길♥

5분명상 #머릿속 비우기

친구 관계, 공부, 가족에 대한 걱정, 게임 등으로 생각이 넘쳐 힘들지는 않나요? 우리의 뇌는 쉬지 않고 생각을 합니다. 하루 동안 아무 생각도 하지 않는 시간이 있는지 살펴보세요. 5분도 채 되지 않을 거예요.

그렇다면, 선생님과 함께 [5분 명상]으로 머릿속을 비워보는 건 어떨까요? 선생님은 아침에 짧게라도 명상을 해요. 생각이 많아 정리되지 않을 때 명상을 하다 보면 고민이 해결될 때가 많아요.

'명상'이라는 말은 많이 들어봤지만, 어떻게 하는 건지 잘 모르는 친구들이 많을 거예요. 걱정하지 말아요. 선생님이 명상 방법을 단계별로 설명해 줄게요. 선생님이 설명하는 대로 해보고, 도움이 된다고 생각하면 계속 명상을 하면 됩니다. 선생님과 함께할 준비가 됐나요? 그럼 1단계 숫자 명상에서 만나요.

감사의 말	
확신의 말	
운동 / 독서	
to do list	

예~!

1미타 3미타 7미타 21미타 50미타

월 일 시 분

다시 보니 또 반가워요!
지금의 기분을 숫자로 표현한다면 10점 만점에 몇 점인가요?

오늘의 질문 #내가 가장 듣고 싶은 말은?

"놀자!", "사랑해.", "네가 최고야!" 뭐든 내 기분이 좋아질 만한 말은 무엇인가요? 그 말을 지금 스스로 직접 해보는 건 어떨까요. 어색한가요? 당연한 거예요, 원래 해본 적 없던 행동이니까. 어색할 수 있지만 뭐 어때요. 해보면 별것 아니에요. 별것 아닌데 기분이 은근히 좋을 수도 있고 피식 웃음이 날 수도 있어요. 그냥 해보는 거예요. 글자로 써봐도 좋고 마음으로 해도 좋아요. 몇 초 안 걸려요. "잘하고 있어." 선생님은 약 1초 정도 걸렸네요.

내가 요즘 가장 듣고 싶은 말은 무엇인가요?

감사의 말	
확신의 말	
운동 / 독서	

to do list			

월 일 시 분

쌤이랑 같이 달리니 더 힘이 나죠?
하나! 둘! 하나! 둘! 할 수 있다!

미라클 타임 비법 3 #꿈꾸는 나의 모습 말하기

세 번째 비법은 [꿈꾸는 나의 모습 말하기]입니다.

영화나 드라마를 보면서 '나도 주인공처럼 살고 싶다.'라는 생각을 해본 적이 있나요? 매력적인 성격으로 많은 친구에게 인기를 얻는 모습, 무슨 일이든 완벽하게 해내서 누구에게나 인정받는 모습, 또는 꿈을 이루어서 한 분야에 최고가 되는 모습 등을 한 번씩 상상해본 적이 있을 거예요.

오른쪽에 거울이 보이죠? 달리미가 되고 싶은 모습을 거울 안에 문장이나 그림으로 나타내봅시다. 그리고 아침마다 이 모습을 말로 표현해보는 거예요. 처음에는 이 방법이 어색할 수 있어요. 선생님도 처음 시작했을 때는 입이 잘 떨어지지 않았답니다. 하지만 잠깐씩이라도 꾸준히 하다 보면 분명 달라지는 달리미의 모습을 만날 수 있을 거예요.

감사의 말	
확신의 말	
운동 / 독서	
to do list	

1미터 3미터 7미터 21미터 50미터

10일차 미라클타임 월 일 시 분

벌써 미라클 타임 10일 차예요!
아침이 점점 즐거워지고 있나요? :)

도전해봐요 #말하는대로 이루어진다

'말하는 대로 이루어진다'라는 말 들어보셨나요? 선생님은 이 말의 힘을 믿어요. 실제로 많은 사람은 긍정 확언을 통해 자기 확신을 하고 행동한 덕분에 성공했다고 말해요. 그래서 선생님도 매일 아침 내가 꿈꾸는 나를 구체적으로 상상하며 긍정 확언을 적은 다음, 크게 소리내 읽으며 하루를 시작합니다.

"나는 잠재력을 가지고 있는 사람이다. 이 잠재력으로 내가 꿈꾸는 일을 해낼 것이다."

이러한 긍정 확언은 하루를 시작하는 연료가 됩니다. 긍정적인 에너지로 하루를 가득 채우고 시작하는 거죠! 선생님은 이렇게 긍정 확언을 통해 '내가 꿈꾸는 나'의 모습에 점점 더 다가가고 있어요. 그러니 달리미도 매일 백.미.타에 긍정 확언을 적는 걸 게을리하지 말아요. 오늘 달리미의 긍정 확언을 추천해 줄게요. 따라 적고 큰 소리로 읽어보세요!

"난 될놈될이다! 난 백.미.타.를 무조건 끝까지 해낸다."

감사의 말	
확신의 말	
운동 / 독서	
to do list	

월 일 시 분

매일 반복되는 일상 같지만, 매일 새로운 날이
시작되는 것을 알고 있나요? 오늘도 해피 뉴 데이

5분 명상 #1단계. 숫자 명상

명상의 1단계는 [숫자 명상]입니다. 마음속으로 천천히 1부터 5까지 세면서 코를 통해 숨을 끝까지 들이쉬어 보아요. 다시 1부터 5까지 세면서 입으로 숨을 끝까지 내쉬어요. 어렵지 않죠?

이번에는 가슴과 배를 이용한 호흡을 알려줄게요. 첫째, 가슴호흡입니다. 숨을 들이쉴 때 갈비뼈를 최대한 부풀렸다가, 숨을 내쉴 때는 갈비뼈를 최대한 오므립니다. 둘째, 복식호흡입니다. 숨을 들이쉴 때 배를 부풀렸다가, 숨을 내쉴 때 배를 최대한 홀쭉하게 만듭니다.

호흡에 집중하면서 1부터 5까지 세봅시다. 두 가지 숨쉬기를 해보고 달리미가 편한 호흡으로 명상을 해보세요. 명상할 때뿐만 아니라 긴장되거나 감정이 격해질 때도 숫자 호흡을 활용해보아요. 숨을 깊게 들이쉬고 내쉬는 것만으로도 마음의 안정이 찾아온답니다.

감사의 말	
확신의 말	
운동 / 독서	

to do list			

1미타 3미타 7미타 21미타 50미타

12일차 미라클타임 월 일 시 분

거울을 보고 활짝 웃어볼래요?
처음은 어색하더라도 곧 아름다운 누군가가 보일 거예요.

오늘의 질문 #좋아하는 음악이 있나요?

음악은 국적과 시대를 초월한다는 말이 있어요. 언어가 통하지 않더라도 음악으로 감정을 전하거나 메시지를 전달할 수 있다는 뜻이죠. 우리가 외국 음악을 들으며 흥얼거리기도 하고, 우리나라 가수가 전 세계적으로 사랑받기도 하니까요. 음악만 들어도 여름이나 겨울과 같은 계절이 떠오를 수도 있고 설렘, 슬픔, 기쁨 등의 감정이 느껴지는 걸 보면 음악의 힘은 대단해요. 이런 음악이 우리의 삶에 없다면 너무 허전하지 않을까요?

선생님은 기분이나 상황에 따라 듣는 음악이 달라요. 운동할 때는 엄청 신나는 아이돌 노래를, 위로가 필요할 땐 가사가 좋은 노래를, 집중해야 할 때는 잔잔한 뉴에이지 음악을 듣곤 해요. 여러분은 어떤가요? 지금 미라클 타임을 하는 동안 듣고 싶은 음악이 있다면 한번 재생해볼까요?

감사의 말	
확신의 말	
운동 / 독서	

to do list			

월 일 시 분

가끔은 쉬고 싶을 때도 있죠.
오늘은 시작하기 전에 크게 숨을 쉬어보아요!

미라클 타임 비법 4 #할 일 정리하기

네 번째 비법은 그날의 [할 일 정리하기]입니다.

'언제 하지?' 우리는 해야 할 일을 놔두고 걱정만 하는 경우가 있습니다. 특히 하기 싫은 일이라면 다음으로 미루기가 쉽지요. 시험 기간에는 시험공부만 뺀 모든 일이 즐거워지는 마법 같은 일을 다들 경험해 봤을 거예요. 결국 시간이 얼마 안 남았을 때, 벼락치기로 일을 끝내게 되고 그때마다 많은 스트레스를 받습니다. 이렇게 할 일을 겨우 끝내면 '다음에는 꼭 미리 준비해야지.'라고 다짐을 해보지만, 이상하게도 똑같은 상황이 반복됩니다. 그럼 이 반복되는 고리를 어떻게 끊을 수 있을까요?

바로 달리미가 해야 할 일을 매일 정리해보는 것입니다.

아침에 일어나서 오늘 할 일을 기록해 보세요. 구체적으로 적지 않아도 좋아요. 그저 to do list에 생각나는 대로 적어보는 거예요. 일단 오늘 중요한 일, 몇 가지를 써보는 것만으로도 우리는 이미 한 가지를 해냈어요.

감사의 말	
확신의 말	
운동 / 독서	
to do list	

1미타 3미타 7미타 21미타 50미타

14일차 미라클타임 월 일 시 분

행복은 멀리 있지 않아요.
오늘은 아주 사소한 행복부터 찾아볼까요?

도전해봐요 #필사하기

오늘 미라클 타임에 도전해볼 것은 '필사하기'예요. 필사는 글을 베껴 쓰는 것을 말해요. 어렵게 생각하지 않아도 돼요. 좋아하는 책의 구절을 필사해보면 됩니다. 그게 어렵다면 동시나 시를 필사해도 되고, 명언이나 글귀를 필사해보아도 좋아요. 더 쉬운 방법은 좋아하는 노래 가사를 필사해보는 거예요. 필사하면 불필요한 생각을 멈출 수 있어요. 명상하는 것처럼 마음이 편안해지기도 하고요. 아는 단어가 많아져서 내 생각을 글로 표현하거나 말하기가 훨씬 더 쉬워진답니다. 오늘은 필사해보기 좋은 명언을 하나 추천해 줄게요. 한 번 도전해보세요!

*명언을 따라 써보세요!

새로운 것을 배우고 뭔가 새로운 것을 시도해보라. 그리고 멋진 실수를 해보라. 실수는 자산이다. -다니엘 핑크

감사의 말			
확신의 말			
운동 / 독서			
to do list			

15일차 미라클타임 월 일 시 분

큰 소리로 따라 해보세요. 나는 멋지다! 나는 행복하다! 나는 건강한 마음을 갖고 있다!

5분 명상 #2단계. 가치 명상

지난번에 소개한 숫자 명상이 익숙해졌나요? 2단계는 [가치 명상]입니다. 명상하다 보면 나도 모르게 자꾸 딴생각이 들기 마련입니다. 이때, 자신이 얻고 싶은 가치를 마음속으로 반복하면서 말해보세요. 쌤은 마음이 위축되거나 무기력할 때 마음속으로 이렇게 외쳤어요. 숨을 들이쉬며 '[자신감]을 들이쉬고', 숨을 내쉬며 '[에너지]를 내쉰다.' 거짓말처럼 내 안에 자신감이 생기고 에너지가 꿈틀거렸답니다!

안 믿긴다고요? 속는 셈 치고 해보세요. 기적이 일어날 거예요. 오늘은 ______ 안에 달리미가 원하는 가치를 넣어서 명상해볼까요?

선생님이 소개하는 가치들 - 사랑, 평화, 긍정, 지혜, 자신감, 겸손, 에너지

______ 를(을) 들이쉬고, ______ 를(을) 내쉰다.

감사의 말	
확신의 말	
운동 / 독서	
to do list	

1미터 3미터 7미터 21미터 50미터

월 일 시 분

그거 알아요? 이걸 읽고 있는 '나'는
세상에서 단 하나뿐인 소중한 존재란 걸.

오늘의 질문 #소원이 있나요?

달리미들은 간절히 바라는 소원이 있나요? 국어사전에서 '소원'의 뜻을 찾아보니 '어떤 일이 이루어지기를 바람. 또는 그런 일'이라고 해요.

- □ 보름달을 보며 소원 빌기.
- □ 중요했던 순간에 간절히 빌어보기.
- □ 알라딘처럼 내게도 램프 요정 지니가 있었으면 하고 상상해보기.

혹시 이 중에 여러분이 해본 건 몇 가지인가요? 선생님은 세 가지 다 해보았어요. 평소에 이루어지길 바라던 것이 있다면 그걸 이루기 위해 지금 내가 당장 할 수 있는 걸 떠올려봐요. 그리고 실천해봐요. 정말 작은 것이라도 괜찮아요. 그 행동들이 쌓여 소원에 그치지 않고 분명 현실로 다가올 날이 있을 거예요.

감사의 말			
확신의 말			
운동 / 독서			
to do list			

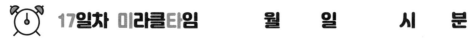

17일차 미라클타임 월 일 시 분

오늘은 나에게 또 어떤 설레는 일이 생길까?
기대되는 사람 손 ✋

미라클 타임 비법 5 #내 공간 정리하기

다섯 번째 비법은 [내 공간 정리하기]입니다.

지금 달리미의 방을 한번 쭉 둘러볼까요? 정리가 잘 되어있는 친구도 있겠지만 내 물건들이 여기저기에서 손을 흔들며 널려있는 경우도 있을 거예요. 함께 사는 가족이 대신 정리해 줄 때도 있겠지만, 이제는 달리미가 미라클 타임을 활용해서 하나씩 정리해보도록 해요.

물론 한꺼번에 정리하려고 하면 어려울 수 있습니다. 하루에 하나씩만 제자리로 옮겨보아요. 그러다 보면 어느새 깔끔해진 내 방을 누릴 수 있답니다. 공간을 정리하는 것은 내 마음을 정리하는 것과도 같습니다. 직접 정리한 방을 보면 미라클 타임이 즐거워지기 시작할 거예요. 그럼 아래에 내가 정리해야 할 물건을 적어보고 하나씩 정리해볼까요?

감사의 말	
확신의 말	
운동 / 독서	
to do list	

1미타 3미타 7미타 21미타 50미타

월 일 시 분

'present' 지금, 이 순간이
여러분에게 주어진 선물입니다!

도전해봐요 #나 마인드맵 만들기

오늘은 '나'에 대해 깊이 이해하는 방법인 '나 마인드맵'을 소개할게요.

첫째, 종이 한 장을 꺼내 가운데에 내 이름을 써봅시다.
둘째, 중요 가지에는 '내가 소중하게 생각하는 것, 들으면 힘이 나는 말, 내가 좋아하는 것과 싫어하는 것, 나의 장단점, 내가 잘하는 것, 내가 생각하는 내 성격, 지금 날 힘들게 하는 것' 등을 써 봅니다.
셋째, 세부 가지에 '나'에 대해 떠올리며 빈칸을 채워봅시다. 원래 마인드맵은 키워드로 적는 게 좋지만 적절한 단어가 생각나지 않는다면 문장으로 써도 좋아요.

부록 1(페이지 126)로 넘어가 '나 마인드맵'을 그려볼까요?
나에 대한 생각을 정리하고, 한눈에 볼 수 있는 기회를 가져보세요!

감사의 말	
확신의 말	
운동 / 독서	
to do list	

19일차 미라클타임 월 일 시 분

힘들 땐 잠시 쉬어가도 괜찮아요. 행복하려고 하는 거니까.

5분 명상 #3단계. 감사 명상

3단계 [감사 명상]에서는 내가 가진 것에 대해 감사하는 시간을 가져봅시다. 내가 가진 것에 대해 생각하고, 그때 느껴지는 내 감정을 떠올려 보아요.

"베개와 이불 덕분에 편안하고 따뜻하게 잠을 잘 수 있어서 감사합니다."

꼭 물건이 아니어도 괜찮습니다. 사람, 공간, 시간 다 좋아요!

"친구와 가족들이 있어 위로되어 감사합니다."

숨 쉬는 것, 자연, 곁에 있어 주는 사람들까지. 이제까지 당연하게 여겼던 것들이 감사해지면서 지금, 이 순간이 소중해지고, 마음이 풍족해질 거예요. 선생님은 미라클 타임을 할 때, 2단계 [가치 명상]을 한 후에 3단계 [감사 명상]을 해요. 달리미도 1단계부터 3단계까지 해보고 나에게 맞는 방법을 찾아 명상해보아요!

① 숫자 명상 ▶ ② 가치 명상 ▶ ③ 감사 명상

감사의 말	
확신의 말	
운동 / 독서	

to do list			

1미타 3미타 7미타 21미타 50미타

월 일 시 분

습관으로 자리 잡는 시간이 21일이래요!
조금만 더 달려볼까요?

오늘의 질문 #나만의 '웃음버튼'이 있다면?

생각만 해도 피식피식 웃음이 나오거나 입꼬리가 스윽 올라가는 '웃음 버튼'이 있나요? 실제로 웃음은 건강에 도움이 되고 치료 방법으로도 쓰인다고 해요. '웃으면 복이 온다.'라는 말이 있는 것처럼 그만큼 웃음의 힘은 엄청나답니다. 오늘은 나만의 '웃음 버튼'을 찾아보세요.

선생님은 지금 함께 사는 반려견이 바로 웃음 버튼이에요. 떠올리기만 해도 행복한 미소가 얼굴에 저절로 퍼지거든요. 달리미는 어떤가요? 힘들거나 지칠 때, 한 번쯤 나만의 웃음 버튼을 떠올려봐요. 달리미가 웃음 짓는 그 순간에 잠깐이라도 행복이 머물 거예요.

* 나만의 웃음 버튼 : ______________________________

*명언을 따라 써보세요!

"당신은 웃을 때 가장 아름답다." -칼 조세프 쿠쉘

감사의 말	
확신의 말	
운동 / 독서	

to do list			

나를 바꾸다, 미라클 타임

이 세상에 누구에게나 똑같이 주어지는 것은 무엇일까요? 맞아요. 바로 시간입니다. 세상에서 가장 공평하게 누릴 수 있죠. 하루 24시간을 분으로 바꾸면 1,440분, 초로 바꾸면 86,400초입니다. 우리는 모두 매일 이 86,400초를 동등하게 받고 있습니다. 하지만 사람마다 하루라는 시간을 다르게 느낍니다. 하루가 너무 짧아서 잠자는 시간도 아까워하는 사람이 있지만, 베개와 한 몸이 되어 잠만 자도 아직 하루가 지나지 않아 놀라는 사람도 있을 거예요. 이를 통해 사람마다 주어진 시간의 가치를 다르게 생각한다는 것을 알 수 있습니다.

그럼 시간의 가치는 얼마나 될까요? 우리는 보통 물건을 살 때 조금이라도 싼 가격을 찾으려고 애를 씁니다. 하지만 시간을 쓰는 일에는 그만큼 따져보지 않지요. 사실 시간을 보내는 일에는 돈이 들어가지 않기 때문에 그 가치를 제대로 느끼기 어렵습니다. 하지만 돈으로는 지나간 시간을 살 수 없다는 것을 떠올려보면 그 가치가 얼마나 큰지 느낄 수 있을 거예요.

우리의 하루를 돌아볼까요? 온종일 게임을 하고 나서는 "괜찮아, 스트레스가 풀렸잖아.", 해야 할 일을 미루고 미루다가 밤늦은 시간이 되면 "괜찮아, 내일부터 하면 되지."라고 위로하는 경험을 선생님도 수없이 해보았습니다. 그때는 시간을 낭비

하는 느낌이 들면서도 이 상황을 바꿀 방법을 알지 못했어요. 그저 반복되는 후회와 한숨만 쌓여갈 뿐이었죠. 그러다 미라클 타임을 시작하면서 비로소 시간의 소중함을 알게 되었습니다. 매일 아침 감사한 일들을 적어보면서 일상의 소중함을 깨닫고, 조용히 명상하면서 나의 모습을 냉정하게 돌아보았습니다. 미래에 달라질 나의 모습을 선언해보면서 확신을 얻었고, 하루의 계획을 적어보면서 머릿속을 정리했습니다. 그러다 보니 주어진 1분 1초의 크기가 달라졌고 그 시간을 잘 쓰고 싶어졌습니다.

그렇다면 어떻게 해야 시간을 잘 쓸 수 있을까요? 시간을 잘 쓴다는 것이 매 순간을 체크하며 보내야 한다는 뜻은 아닙니다. 내 몸이 피곤하다면 온종일 잠을 자는 것도, 슬픈 감정에 휩싸인 날이면 온종일 펑펑 울면서 흘려보내는 것도 시간을 잘 보내는 방법입니다. 단지 그 시간이 나의 필요에 따라 사용됐는지가 중요한 것이죠.

앞으로의 페이지에서 전달해 주는 이야기를 쭉 따라가다 보면 달리미도 하루가 새로운 느낌으로 다가오는 경험을 할 수 있을 거예요. 잠시 눈을 감고 흘러가는 시간을 천천히 느껴보세요. 자, 잠깐이지만 달리미의 의지로 시간을 사용하는 경험을 해보았습니다. 달리미가 바꾼 1분 1초를 통해 세상이 달라지는 경험을 꼭 해보기 바랍니다.

21일차 미라클타임 월 일 시 분

Oh my god! 달리미가 벌써 3주를 달려왔다고?
감동이야. 잘 따라와 줘서 고마워

미라클 타임 비법 6 #내일을 기대하기

여섯 번째 비법은 [내일을 기대하기]입니다.

특별한 날이 있으면 우리는 그날을 손꼽아 기다리곤 합니다. 현장 체험학습 가는 날, 방학하는 날, 여행 가는 날, 좋아하는 가수가 새 음반을 내는 날 등. 그날이 다가오면 점점 설레는 마음이 커져서 다음 날이 빨리 오면 좋겠다는 생각으로 가득 차지요. 그렇다면 달리미는 아무 일이 없는 내일을 기다려본 적 있나요? 평범하게 보냈던 오늘 같은 날 말이에요. 평범한 내일을 매일 같이 기다리던 특별한 날로 만드는 것이 오늘의 비법입니다.

우리는 새롭게 주어진 내일을 통해 주변 사람들에게 긍정적인 말하기를 한 번 더 시도해볼 수도 있고, 세워둔 목표를 향해 열심히 달려 꿈꾸는 나의 모습을 조금씩 완성시킬 수도 있습니다. 이렇게 평소라면 당연히 찾아올 내일에 달리미만의 의미를 하나씩 부여해보세요. 그러다 보면 자연스럽게 내일이 특별한 날로 변할 거예요.

오늘 밤은 달리미가 새롭게 만들어갈 내일을 떠올리며 잠들어 볼까요?

감사의 말	
확신의 말	
운동 / 독서	
to do list	

화이팅!!

1미터 3미터 7미터 21미터 50미터

22일차 미라클타임 월 일 시 분

사소한 걸 신경 쓰느라 중요한 걸 놓치고 있진 않나요?
행복을 놓치지 마세요.

도전해봐요 #감정 달력

어제 달리미의 기분은 어땠나요? 그 전날에는 어땠을까요? 일주일 전, 한 달 전에는요? 아마 기억이 나지 않을 거예요. 그럴 때 써보면 좋은 '감정 달력'을 소개할게요.

1. 달력에 오늘 주로 드는 감정과 그 감정이 드는 이유를 짧게 기록합니다.
2. 감정에 따라 색깔을 세 가지로 나눠보세요. 행복함이 크면 노란색, 보통이면 초록색, 우울하거나 화나는 감정이 크면 빨간색. 달력 칸을 그날의 감정에 따라 색칠해 줍니다. ex) 공부를 열심히 했는데 원하는 점수가 나오지 않아 우울했다. -> 빨간색
3. 이렇게 일주일 또는 한 달간의 감정을 꾸준히 기록해보세요.

부록 2. 감정 달력(페이지 127)을 완성해보면 주로 '나'를 힘들고 우울하게 하는 일과 '나'를 행복하게 하는 일을 한눈에 볼 수 있을 거예요. 내가 언제 행복하고 우울한지 아는 것도 '나'를 알아가는 방법 중 하나예요.

감사의 말	
확신의 말	
운동 / 독서	
to do list	

월 일 시 분

매일 행복하지는 않지만, 행복한 순간은 매일 있어.
-'곰돌이 푸'

5분 명상 #꿀팁(1)

명상을 하다가 유난히 집중이 안 되고 '내가 왜 이걸 하고 있지?'라는 생각이 들 때가 있나요? 선생님도 그럴 때가 있답니다. 집중이 안 될 때 달리미들을 도와줄 수 있는 명상 꿀팁들을 소개할게요.

♥ 아침이라면 공복에, 양치나 세수를 한 후 의자에 앉기

밥을 먹으면 우리 몸이 소화를 시키느라 열심히 일해서 더 졸리게 돼요. 속은 비우고, 양치나 세수를 해서 정신을 깹니다. 그다음에 의자에 앉아서 명상하는 것을 추천해요.

♥ 명상 음악 활용하기

자연의 소리가 담긴 명상 음악은 더욱더 마음을 편안하게 만들어 명상에 집중할 수 있어요. 그래서 선생님은 종종 새소리가 지저귀는 음악을 들으며 명상을 한답니다. 오늘은 유튜브에 '명상 음악'을 검색해보세요!

감사의 말	
확신의 말	
운동 / 독서	
to do list			

1미타 3미타 7미타 21미타 50미타

24일차 미라클타임 월 일 시 분

좋아하는 색깔이 있나요? 오늘, 좋아하는 색을 주변에서 찾아봐요. 선생님은 하늘에서 찾았어요.

오늘의 질문 #무슨 요일을 가장 좋아하나요?

"금토목일수화월" 이게 무슨 순서인지 맞혀볼래요? 바로 선생님이 좋아하는 요일 순서입니다. 일요일보다 목요일을 좋아한다고 하면 다들 의아한 표정을 지어요. 그런데 나름의 이유가 있어요. 월요일을 앞둔 일요일보다 금요일을 앞둔 목요일이 설레기 때문이죠! 그래서 선생님은 목요일부터 행복해지기 시작합니다. 달리미는 어떤가요? 아래에 살짝 적어볼래요?

》 》 》 》 》 》

오, 그러고 보니 일주일에 최소 한 번은 자신이 좋아하는 요일이 있네요. 그날은 왠지 기분이 더 좋죠. 그래서 선생님은 금요일마다 감사 일기를 이렇게 시작해요. "금요일이라 감사합니다." 달리미가 제일 좋아하는 요일의 감사 일기도 이렇게 시작해 보는 건 어때요? 감사한 일이 하나 더 늘었으니 더 좋은 날을 보내게 될 거예요.

감사의 말	
확신의 말	
운동 / 독서	
to do list	

25일차 미라클타임 월 일 시 분

오늘 기분은 어때? 행복하거나 속상한 마음 모두
내 소중한 감정들이야. 나를 따뜻하게 안아주자.

미라클 타임 비법 7 #함께 하기

일곱 번째 비법은 [함께 하기]입니다.

선생님이 어렸을 때 오래달리기 기록을 측정하는 날 다리를 다쳤어요. 그래서 나중에 혼자 기록을 측정하게 되었죠. 그런데 평소보다 달리는 게 훨씬 힘들게 느껴졌어요. 장거리 달리기에서는 내가 잘 달리는 것도 중요하지만 누군가가 함께 뛰고 있다는 것이 더 중요해요. 그래야 포기하고 싶을 때 다른 사람들을 보면서 다시 힘을 낼 수 있으니까요.

미라클 타임도 마찬가지예요. 우리의 목표는 하루 이틀이 아니기 때문에 함께 달려줄 사람이 있으면 더욱더 좋아요. 그러니 달리미가 미라클 타임을 시작했다는 것을 주변에 최대한 많이 알리세요. 그리고 함께해보자고 권유해보세요. 중간에 포기하고 싶을 때 분명 함께 달리는 사람들이 도와줄 거예요. 선생님도 지금 함께 하는 선생님들 덕분에 이렇게 오랜 시간 미라클 타임을 하고 있답니다. 잊지 마세요. 여기 네 명의 선생님들이 항상 달리미와 함께 뛰고 있다는 것을.

감사의 말	
확신의 말	
운동 / 독서	

to do list			

1미타 3미타 7미타 21미타 50미타

26일차 미라클타임 월 일 시 분

몸은 운동하면서 튼튼해지고, 마음은 미라클 타임으로 튼튼해질 거야! 튼튼한 몸과 마음을 가져볼까?

도전해봐요 #컬러링

미라클 타임에 집중하기 어려우신가요? 명상도 어렵다고요? 그럼 이번에는 '컬러링'을 추천할게요. 컬러링은 '색칠 놀이'를 뜻해요. 시시하다고요? 모르는 소리~ 어른 중에서도 명상이 어려워서 컬러링을 하며 마음을 차분하게 하는 사람도 많답니다. 색칠에 집중하는 것만으로 스트레스가 줄어들고 마음이 편안해져요. 내가 좋아하는 색을 골라서 차분하게 빈칸을 채우다 보면 어느새 생각을 비우고 오로지 색칠하는 데 몰입하고 있을 거예요. 색칠할 종이가 없다고요? 그래서 준비했어요.

부록 3(페이지 128)으로 넘어가 컬러링 페이지를 잘라보세요. 그리고 좋아하는 색깔로 한 번 채워볼까요? 잔잔한 노래를 들으며 해도 좋고, 가족과 함께해보아도 좋아요!

감사의 말

확신의 말

운동 / 독서

to do list

27일차 미라클타임 월 일 시 분

오늘의 아침을 맞이하고
내일의 아침을 기대할 수 있어 감사합니다.

5분 명상 #꿀팁(2)

요새 명상은 잘 되고 있나요? 쌤이 또 다른 꿀팁 두 가지를 더 소개할게요!

♥ 명상 앱 활용하기

앱스토어에 '명상'을 치면 calm , 마보 , 코끼리 등 여러 가지 명상 앱이 나옵니다. 그중에서도 무료 콘텐츠가 많은 '코끼리' 앱을 추천합니다.

'밤에 외로운 느낌이 들 때 하는 명상'. '미라클 모닝 20분 명상' 등 다양한 주제의 명상이 많습니다. 재생하면 음악과 함께 성우들의 잔잔한 목소리가 들려옵니다. 목소리를 따라가다 보면 어느새 편안해진 나의 모습을 발견할 수 있을 거예요.

♥ 타이머 설정하기

3분, 5분 등 내가 명상할 시간만큼 타이머 를 설정하면 제한 시간 안에 집중해야 하기 때문에 명상이 더 수월해질 거예요.

감사의 말	
확신의 말	
운동 / 독서	
to do list			

1미타 3미타 7미타 21미타 50미타

28일차 미라클타임 월 일 시 분

오늘은 기분 좋은 일이 생길 거야! 기대해도 좋아.
쌤은 벌써 생겼어, 오늘도 널 만났거든.

오늘의 질문 #두근두근 설레는 순간이 있나요?

무더운 여름이 지난 어느 저녁에 길을 걷다 보면 문득 선선한 가을바람이 몸을 감싸는 순간이 있어요. 달리미도 혹시 느껴본 적 있나요? 선생님은 '설렘'을 생각하면 이때가 가장 먼저 떠올라요. 달리미는 언제 두근두근 설레나요? 좋아하는 사람을 생각할 때, 맛있는 음식을 한입 먹기 직전, 비행기가 이륙할 때, 기다렸던 택배를 뜯을 때. 설렘은 내가 살아있다는 걸 가장 가까이 느낄 수 있는 감정이에요. 심장이 쿵쿵 뛰는 걸 온몸으로 느끼기 때문이죠. 미라클 타임을 하는 지금, 이 순간에도 작은 설렘이 머물길 바라요.

달리미가 두근두근
설레는 순간은?

감사의 말	
확신의 말	
운동 / 독서	
to do list	

29일차 미라클타임 월 일 시 분

조금씩 달라지는 네가 너무 자랑스러워.
쌤보다 더 잘하는걸?

백미타 퀘스트 1 #아침에 일어나서 입 헹구기

이제 아침 시간이 조금은 설레는 시간으로 바뀌었나요? 오늘부터는 선생님이 달리미를 돕기 위해 몇 가지 미션을 준비해보았어요. 지금까지 잘 달려온 것을 보면 생각보다 쉽게 달성할 수 있을 거예요. 그럼 출발해 볼까요?

우리는 잠자는 동안에 입을 다물고 있기 때문에 아침에 일어나면 입안에 많은 세균이 모이게 됩니다. 그래서 눈을 떴을 때 침을 바로 삼키기보다는 화장실로 가서 입을 헹구거나 양치를 하는 것이 좋아요.

자, 오늘의 미션은 바로 내일 '아침에 일어나자마자 입을 헹구거나 양치하기!' 그리고 나서 차나 물을 한잔 마셔보아요. 만약 성공했다면 미션 클리어 스탬프에 색을 채워봅시다. 우리 달리미 최고!

MISSION CLEAR

감사의 말	
확신의 말	
운동 / 독서	

to do list			

1미타 3미타 7미타 21미타 50미

30일차 미라클타임 월 일 시 분

널 행복하게 하는 건 뭐야?
한 달 동안 기적의 시간을 보낸 스스로 행복을 선물하자!

도전해봐요 #가족과 함께 하는 미라클타임

오늘은 가족들과 함께 미라클 타임을 보낼 수 있는 활동을 소개할게요. 바로 '서로에게 감사한 마음 나누기'예요. 단둘이 해도 괜찮고, 여러 명이 둘러앉아서 해도 좋아요. 차분하게 마음을 가라앉힌 채 눈을 감고 서로에게 고마웠던 걸 떠올려 봅시다. 약 3분간 호흡에 집중하며 고마웠던 것을 떠올려 보는 거예요. 그다음, 돌아가며 가족 한 명 한 명에게 고마웠던 마음을 직접 말로 전해보세요! 미라클 타임 선배인 '내'가 제일 먼저 시작해 볼까요?

"나를 태어나게 해주셔서 감사합니다. 내 꿈을 믿고 응원해 주셔서 감사합니다."

쑥스럽겠지만 용기를 내보는 거예요. 내 용기를 보고 다른 가족들도 용기를 내서 이야기할 수 있어요. 따뜻한 차가 있다면 같이 둘러앉아 마시며 이야기해보아도 좋아요. 끝나고 나면 마음이 몽글몽글해지고 따뜻해지는 걸 경험할 수 있답니다.

감사의 말	
확신의 말	
운동 / 독서	
to do list	

31일차 미라클타임 월 일 시 분

오늘 기분은 어때? 기쁘면 같이 기뻐해 주고,
힘들면 쌤이 위로해 주고 싶어.

마음 챙김 #감정에 이름 붙이기

달리미는 답답하고 짜증 나는 상황에서 어떻게 대처하나요? 그 상황을 해결하지 않고 계속 놔두다가 감정만 더 악화된 적은 없나요? 그럴 때는 내가 지금 어떤 감정을 갖고 있는지 이름을 붙여주면, '아, 내가 이런 감정을 갖고 있구나.'하고 깨달으면서 그 감정을 자연스럽게 흘려보낼 수 있어요. 예를 들어, 친구과 다투었을 때 '이런 점 때문에 친구에게 서운한 감정이 들었구나.'를 깨닫고 상황과 감정을 분리하는 거예요. 물건이 망가졌을 때도 '내가 아끼던 물건이 망가져서 속상해. 그래도 괜찮아, 나중에 또 사면 되지.'하고 감정을 인정하면서 마인드 컨트롤을 하는 거죠.

감정에 이름을 붙여주고, 상황과 감정을 분리하는 연습을 하다 보면 안 좋은 상황에서도 씩씩하게 극복할 수 있는 단단한 마음을 가지게 될 거예요.

오늘의 감정은?

감사의 말	
확신의 말	
운동 / 독서	

to do list			

1미타 3미타 7미타 21미타 50미타

32일차 미라클타임 월 일 시 분

아침에 일찍 일어나기 힘들진 않았어? 그 어려운 걸 해내다니.
역시 우리 달리미가 최고야!

오늘의 질문 #나만의 스트레스 해소 방법은 무엇인가요?

우리나라 사람들이 자주 사용하는 외래어 중 1위가 '스트레스'였던 적이 있대요. 그만큼 많은 사람이 스트레스를 겪고 있다는 거겠죠. 달리미도 스트레스 받을 때가 있을 거예요. 그럴 때는 어떻게 스트레스를 해소하나요?

선생님은 신나는 음악을 들으면서 숨이 차오를 때까지 달려요. 그러면 몸이 힘들어서 나를 괴롭히던 스트레스를 잠시 잊게 되거든요. 그리고 집에 돌아와 샤워하면서 땀과 스트레스를 같이 씻어 보내면 어지러웠던 머릿속이 조금씩 정리가 된답니다. 또 우리 반 친구는 스트레스를 받을 때 초록색 하리보 젤리를 먹는다고 해요. 그럼 기분이 좋아져 스트레스가 풀린대요. 우리 달리미는 어떤가요? 만일 스트레스 받는 일이 생긴다면 나만의 방법으로 스트레스를 저 멀리 치워버리자고요!

나만의 스트레스 해소 방법

감사의 말	
확신의 말	
운동 / 독서	
to do list			

33일차 미라클타임 월 일 시 분

오늘도 굿모닝 자주 보니
우리 벌써 정든 것 같아. 그렇지?

백미타 퀘스트 2 #일부러 일찍 자기

여기까지 왔다면 달리미는 이제 미라클 타임을 즐길 수 있는 사람이 된 거예요.

아침에 일어나는 시간은 달라졌나요? 미라클 타임을 시작하기 전과 똑같을 수도 있고 그보다 빨라졌을 수도 있어요. 하지만 잠자리에 드는 시간은 그동안 우리가 만들어 놓은 습관 때문에 쉽게 바뀌지 않았을 거예요. 그래서 오늘의 미션은 '일부러 일찍 자기'입니다. 오늘만큼은 평소보다 한 시간 빠르게 방으로 들어가 눈을 감아봅시다. 자는 곳 옆에는 백미타 책을 미리 준비해두고 내일 아침에 눈을 뜨면 어떤 기분이 드는지 적어보도록 해요. 우리가 예상하지 못한 기분이어도 괜찮습니다. 이렇게 도전해본 것에 의미가 있으니까요. 정신이 말똥말똥하더라도 오늘의 미션을 떠올리며 끝까지 눈을 감고 기다려보세요. 한 시간 일찍 잠자리에 들기를 성공했다면 미션 클리어 스탬프에 색을 채워보아요. 오늘 아침의 기분 ____________

감사의 말	
확신의 말	
운동 / 독서	
to do list	

1미타 3미타 7미타 21미타 50미타

34일차 미라클타임 월 일 시 분

어제보다 오늘 더, 오늘보다 내일 더 노력하다 보면
눈부시게 빛나는 나를 발견할 거야!

도전해봐요 #멍 때리기

우리는 평소에 수많은 일을 하며 살아갑니다. 눈을 뜨고 미라클 타임을 보내고 학교와 학원도 가고 스마트폰도 해야 하고, 밥도 먹어야 해요. 그럼 한 번 생각해 봅시다. 하루에 몇 분이나 아무것도 하지 않고 보내는지요. 단 3분이라도 나에게 쉬는 시간을 주나요? 그렇지 않은 달리미가 더 많을 거예요. 그러나 가끔은 아무것도 하지 않는 시간도 필요해요. 스마트폰을 보거나 책을 읽는 건 뇌가 쉴 수 없어요. 진정한 휴식은 '뇌'도 쉴 시간을 주는 거예요. '멍 때리기'를 해보세요. 적어도 10분 이상 아무것도 안 하고 누워 있거나 눈을 감고 앉아 있어 보세요. '나'를 위해 생각을 멈추고 감각에 집중해봅시다. 멍 때리기 고수가 되면 '멍 때리기 대회'에도 한번 나가보는 건 어떨까요?

감사의 말	
확신의 말	
운동 / 독서	
to do list	

35일차 미라클타임 월 일 시 분

야호! 또 새로운 하루가 시작됐어.
오늘 하루도 파이팅

마음 챙김 #확신의 말 외치기

외모나 키, 성적 등 콤플렉스 때문에 스트레스를 받은 적이 있나요? 선생님은 어렸을 때부터 키가 작았어요. 만나는 어른마다 "키만 크면 참 좋을 텐데."라는 말을 했죠. 그래서 키가 작은 것이 원망스러웠어요. 하지만 지금은 선생님의 작은 키가 개성이라고 생각해요. 사람들이 모두 똑같으면 재미없잖아요. 어떻게 하면 있는 그대로의 나의 모습을 받아들일 수 있을까요?

선생님은 미라클 타임을 할 때마다 외친답니다.

"난 멋져! 난 훌륭해! 난 내가 자랑스러워! 난 행복해! 난 나를 사랑해!"

너무 시시한가요? 단순해 보이지만 우리 뇌는 생각보다 더 단순합니다. 내가 이 말을 외치면 진짜로 그런 줄 알고 바뀌기 시작한다니까요? 그럼 우리 같이 외쳐봅시다.

"난 멋져! 난 훌륭해! 난 내가 자랑스러워! 난 행복해! 난 나를 사랑해!"

잊지 마세요. 여러분은 충분히 멋지고, 훌륭하고, 자랑스러운 사람입니다.

감사의 말	
확신의 말	
운동 / 독서	

to do list			

1미타 3미타 7미타 21미타 50미타

36일차 미라클타임 월 일 시 분

가끔 울고 싶을 때가 있나요? 그럴 땐 마음껏 울어도 돼요.
이곳에 떨어놔도 좋아요.

오늘의 질문 #오늘 느끼고 싶은 감정이 무엇인가요?

아래에 감정을 나타내는 여러 표현이 있어요. 눈으로 먼저 살펴보고, 지금 느끼는 감정에는 초록색 동그라미, 평소에 자주 느끼는 감정은 파란색 네모 그리고 오늘 느끼고 싶은 감정에는 빨간색 하트를 그려보아요.

**행복한, 화난, 흐뭇한, 희망찬, 외로운, 절망적인, 평화로운, 짜증 나는,
신나는, 질투 나는, 안심하는, 억울한, 여유로운, 불편한, 슬픈, 간절한,
후회되는, 걱정되는, 기분 좋은, 놀란, 무서운, 미안한, 설레는**

표시를 다 했다면 '내게 이런 감정이 머무르는구나.'하고 잠시 동안 찬찬히 살펴보아요. 이렇게 지금의 내 감정을 알아차리는 것만으로도 내가 느끼고 싶은 감정에 한 발짝 다가가는 시작점이 된답니다. 오늘 밤에는 빨간색 하트 위에 초록색 동그라미가 겹쳐지길 바라요.

감사의 말	
확신의 말	
운동 / 독서	
to do list	

37일차 미라클타임 월 일 시 분

이 책을 깨끗하게 쓸 필요는 없어.
기분 그대로 끄적이기도 하고, 선도 그려봐.

백미타 퀘스트 3 #잠자기 전 전자기기 보지 않기

미라클 타임을 제대로 즐기려면 무엇보다 깊은 잠을 자야 합니다. 그럼 우리의 잠을 방해하는 것에는 무엇이 있을까요? 대부분 친구가 먼저 떠올리는 것은 스마트폰일 것입니다. 맞아요. 어두운 곳에서 보는 스마트폰 불빛은 우리 눈을 피로하게 할 뿐만 아니라 우리 뇌에 아직 잠을 잘 시간이 아니라는 착각을 불러일으킵니다. 그러므로 오래 자더라도 피곤함을 느끼게 되는 것이죠. 자기 전에 보는 TV 화면이나 컴퓨터 화면도 스마트폰과 같은 영향을 미치게 됩니다.

그래서 오늘의 미션은 '잠자리에 들기 한 시간 전부터는 전자기기 보지 않기'입니다! "선생님, 저는 스마트폰을 보고 싶지 않은데 친구들한테 SNS로 계속 연락이 와요."라고 한다면 과감하게 알람을 꺼보세요. 다음 날 어떤 연락이 왔을지 기대하는 마음으로 잠자리에 드는 것도 많은 도움이 됩니다. 미션을 성공했다면 아침에 일어나서 미션 클리어 스탬프에 색을 채워보아요.

MISSION CLEAR

감사의 말	
확신의 말	
운동 / 독서	
to do list	

1미타 3미타 7미타 21미타 50미타

월 일 시 분

생각하는 대로 살지 않으면 사는 대로 생각하게 된대요.
오늘은 행복한 나, 멋진 나를 생각해 봐요!

도전해봐요 #인생 그래프

행복에 점수를 매길 수 있다면 달리미의 인생은 지금 몇 점인가요? 그럼 항상 오늘과 같은 점수일까요? 선생님의 십대 인생 그래프를 그려보면 점수가 항상 마이너스에 머물렀어요. 그땐 '내 인생은 계속해서 더 불행해지기만 하나 봐.'라고 생각하기도 했지요. 그런데 이십대의 인생 그래프를 그려보니 생각지도 못했던 많은 기회를 잡으면서 점점 행복한 날이 많아졌어요. 이렇게 인생은 롤러코스터처럼 -10점과 10점 사이를 오르락내리락합니다. 그래서 오늘은 지금까지의 인생을 되돌아보고, 앞으로의 삶은 어떻게 될지 상상하면서 '인생 그래프'를 그려볼 거예요. 부록 4(페이지 129)에 있는 선생님의 설명을 따라 과거부터 미래까지의 그래프를 그려 봅시다. 인생 그래프를 그리는 것에서 그치지 않고 내가 언제 행복을 느끼는지 되돌아보고, 행복한 일이 가득한 미래를 상상해보세요! 시간이 있다면 행복한 미래를 위해 해야 할 계획을 같이 세워보아도 좋아요.

감사의 말	
확신의 말	
운동 / 독서	
to do list	

39일차 미라클타임 월 일 시 분

너와 친구가 된 것 같아서 기뻐. 너는 어때?
달리미가 좀 더 행복해졌다면 그걸로 오케이!

마음 챙김 #내 안의 작은 아이

달리미는 어떤 사람인가요? 쌤은 한마디로 '완벽주의자'였어요. 목표한 것을 다하지 못하면 스트레스를 받았었죠. 그러던 어느 날 친구가 쌤에게 말했어요. "남이 힘들어할 땐 위로해주면서, 왜 너 자신에게는 채찍질만 하는 거야?" 그 말을 듣고 머리를 한 방 맞은 것 같았어요. 내가 나를 사랑해야 다른 사람을 사랑할 수 있다는 것을 잊고 있었던 것이에요.

그때부터 선생님의 마음속에 작은 아이가 산다고 생각하기로 했어요. 그 아이한테 맛있는 것도 먹이고, 칭찬도 해주며 사랑해주기로 했답니다. 목표한 것을 다 못해도 "열심히 했으니까 괜찮아, 잘했어! 내일은 더 집중하면 되지!"라고 이야기해주었어요. 일을 너무 많이 해서 힘이 들 땐, "수고했어. 오늘은 꼭 맛있는 걸 먹자!"라고 하며 달달한 것을 먹었어요. 그러다 보니 목표 달성과 상관없이 항상 나를 사랑하고 아낄 수 있게 되었어요. 달리미도 마음속 작은 아이를 아껴주고 보살펴주는 건 어떨까요?

감사의 말	
확신의 말	
운동 / 독서	
to do list	

1미타 3미타 7미타 21미타 50미타

월 일 시 분

내가 좋아하는 걸 찾아서 카메라로 찍어봐.
좋아하는 걸 오래 간직할 수 있는 게 사진의 매력이지!

오늘의 질문 #환경, 이대로 괜찮나요?

좋아하는 계절이 있나요? 선생님은 봄, 가을을 좋아해요. 낮에는 따뜻하고 밤에는 선선한 날씨가 좋거든요. 그런데 요즘은 덜컥 불안한 마음이 들어요. 과연 이 계절들을 10년, 20년 뒤에도 지금처럼 누릴 수 있을까, 봄 노래를 들으며 벚꽃을 볼 수 있을까, 여름에는 걱정 없이 바다에서 놀 수 있을까 하고요. 기후변화로 봄과 가을은 짧아지고 여름이 길어졌어요. 태풍이 잦아지고, 갑자기 폭우와 폭설이 내리기도 해요. 뉴스에서는 지구의 위기를 자주 이야기하죠.

여러분도 느끼고 있나요? 그렇다면 지금 내가 할 수 있는 건 없을까요. 우리의 사계절을 과거의 추억으로만 간직할 수는 없잖아요. 우리가 좋아하는 계절을 앞으로도 누리려면 지금 내가 할 수 있는 것들부터 행동해봐요! 하루에 하나씩!

☐ 오늘 저녁은 채소 반찬 ☐ 텀블러 사용하기 ☐ ________________

감사의 말	
확신의 말	
운동 / 독서	
to do list	

여러분, 아기 거북이는 어떻게 어른 거북이가 될까요?

거북이는 바다에서 육지로 나와 모래를 파서 알을 낳아요. 이 알은 부화하기 전 새들의 먹이가 되기도 한대요. 그 위기를 극복한 아기 거북이만 알을 깨고 세상으로 나옵니다. 세상에 나온 아기 거북이는 어디로 가야 하는지 왜 가야 하는지는 아무것도 모른 채 본능이 이끄는 대로 바다를 향해 나아가지요. 하지만 모래사장은 아기 거북이에게 아주 험난한 곳이에요. 사람에게는 아주 작은 모래 언덕일지라도 아기 거북이에게는 아주 높은 산과 같습니다. 그래서 온 힘을 다해 언덕을 넘어가야 해요. 모래사장에 남은 '사람 발자국'에 빠지기라도 하면 나오려다가 미끄러지기를 수십 번 반복해야 나올 수 있습니다. 그리고 빠져나오려다가 뒤집히면 한참을 다시 뒤집기 위해 노력해야 합니다. 그 험난한 길을 지나 바다 근처에 도착해도 바다에 들어가기조차 쉽지 않아요. 파도 때문에 계속 물 밖으로 밀려나고 밀려나기 때문이죠. 그래도 거북이는 계속 도전하고 도전하여 바닷속으로 들어가게 됩니다. 많은 위기와 고난을 지나 바다라는 넓은 세상에 나아가는 거죠.

생각해 보면 사람도 아기 거북이와 마찬가지라는 생각이 들어요. 세

상은 아기 거북이가 만난 모래사장처럼 험난한 곳이에요. 우리가 생각하는 것만큼 좋은 일만 가득한 곳도 아니고, 언제나 행복한 일만 있는 것도 아니에요. 오히려 힘든 날이 더 많을 수도 있어요. 그래서 사람들은 어디로 나아가야 하는지 모르는 채 살아가기도 하고, 친구 관계로 힘들어하기도 하고, 공부가 뜻대로 되지 않아 좌절을 겪기도 하지요. '나'는 누구인지 무엇이 되고 싶은지 끊임없이 고민하며 살아가기도 합니다. 이렇게 모두 고난을 겪으며 어른이 되어갑니다. 그래도 사람은 거북이와 다른 점이 있답니다. 우리 곁에는 우리를 도와줄 많은 사람이 있다는 거예요. 친구들, 가족들, 선생님 등 말이죠. 험난한 길에 좌절할지라도 옆에서 손잡아 주고 위로해 주고 격려해 주는 많은 사람들이 있어요. 그리고 우리도 옆에 있는 친구들, 가족들의 손을 잡아줄 수 있습니다. 그렇게 서로 돕고 도우며 이 세상을 살아가다 보면 어느새 바다를 만나 신나게 헤엄칠 날이 오지 않겠어요?

선생님도 아기 거북이처럼 세상을 향해 나아가고 있는 달리미가 바다에 무사히 도착할 수 있도록 손을 잡아주기 위해 이 책을 썼어요. 우리 느리게 간다고 너무 좌절하지 말아요. 거북이도 육지에서는 느리게 가지만 바다를 만나면 빠르게 헤엄치듯, 우리도 우리의 세상을 만나면 빠르게 헤엄칠 수 있을 거예요.

41일차 미라클타임 월 일 시 분

이제 조금은 이 시간이 익숙해졌지?
무리해서 뛰지 말고 속도 조절을 하면서 달려보자

백미타 퀘스트 4 #원인 찾기

달리미는 목표했던 계획을 이루지 못했을 때 어떻게 하나요? 대부분은 찝찝한 기분으로 자책을 하다가도 다시 그 상황이 되면 같은 실수를 반복하게 됩니다. 그럼 이 문제를 해결할 방법은 없을까요? 오늘의 미션! '원인 찾기'

먼저 내가 계획했던 일 중 실패한 것을 적어보세요. 그리고 그 이유도 함께 써봅시다. 예를 들어 스마트폰 2시간 사용하기 계획을 지키지 못했다면 '게임에 너무 몰입했기 때문에', '유튜브 영상 보기를 멈추지 않아서'처럼 그 이유를 자세히 적어보는 거예요. 그리고 그 당시 달리미의 감정도 함께 남겨봅니다. '계획을 지키지 못해 속상했다.', '게임을 할 때는 즐거웠지만 쌓여있는 과제가 걱정된다.' 등 솔직하게요. 이렇게 이유를 알아야 같은 실수를 반복하지 않게 됩니다. 오늘의 미션을 달성했다면 미션 클리어 스탬프에 색을 채워보아요. 내가 원하는 내 모습에 한 발짝 다가설 수 있을 거예요!

MISSION CLEAR

실패한 이유 ______________ 그때의 내 감정 ______________

감사의 말	
확신의 말	
운동 / 독서	
to do list	

1미타 3미타 7미타 21미타 50미타

42일차 미라클타임 월 일 시 분

지금 있는 그대로의 '나'를 인정하고, 나만의 길을 걸어가 봅시다. 있는 그대로의 달리미를 응원해요.

도전해봐요 #롤 모델 정하기

달리미는 롤 모델이 있나요? 롤 모델은 '본받을만한 사람'을 뜻해요. 선생님은 학창 시절에 집이 가난해서 힘들고 주눅들 때가 많았어요. 그때 박철범의 '하루라도 공부만 할 수 있다면'이라는 책을 만났어요. 찢어지게 가난한 상황 속에서도 치열하게 공부해서 꿈을 이룬 작가를 보면서 작가님처럼 살고 싶다는 생각에 가슴이 두근거렸어요! 그래서 용돈을 모아 이 책을 한 권 사서 힘들 때마다 읽고 또 읽으며 용기를 얻었던 기억이 나요. 이처럼 롤 모델은 '나침반' 역할을 해요. 내가 올바른 방향으로 갈 수 있게끔 안내해 주는 거예요. 그러니 달리미도 롤 모델을 찾아보세요. 유튜브에 내가 관심 있는 분야를 검색해서 선한 영향력을 주는 사람을 찾아봅시다. 주변 사람들 중에서 생각해 보아도 좋아요. 그 사람을 보면서 가슴이 뛰고 두근거린다면 내 롤 모델을 만난 거예요. 롤 모델을 보고 본받을 점을 따라 하며 내 것으로 만들어보세요. 먼 훗날 달리미가 누군가의 롤 모델이 되는 날이 올 거예요!

감사의 말	
확신의 말	
운동 / 독서	
to do list	

43일차 미라클타임 월 일 시 분

기분은 물결과도 같아서 금방 흘러가요.
그럴 땐 그냥 움직여봐요! 기분이 꽤 괜찮아질 거예요.

마음 챙김 #힐링 프로젝트

달리미만의 힐링 방법을 갖고 있나요?
쌤은 책상 앞에 포스트잇으로 <쏭쌤의 힐링 프로젝트>라고 붙여놓았어요. 그 프로젝트는 바로~ '① 명상 ② 독서 ③ 움직이기 ④ 잠자기' 입니다. 별것 없죠?

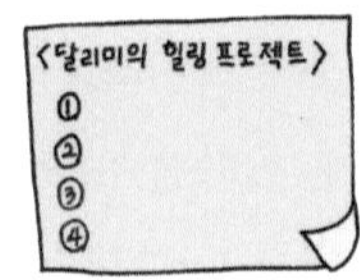

몸과 마음은 연결되어 있어요. 그래서 마음이 울적할 때 몸도 가만히 있으면 더욱더 우울한 기분에 빠집니다. 하지만 반대로 몸을 움직이면 마음도 기운을 차리게 돼요. 신기하죠? 움직이기도 싫고 명상, 독서도 하기 싫을 때는 그냥 자는 것도 좋은 방법이에요. 내 몸과 마음에 휴식을 주는 거죠.

달리미만의 힐링 방법이 없다면 우리 함께 만들어볼까요? 운동, 악기 연주, 친구와 수다 떨기, 손바느질 인형 만들기, 맛있는 것 먹기 등 다 좋아요. 힐링 프로젝트는 힘든 하루의 휴식처가 되어줄 거예요!

감사의 말	
확신의 말	
운동 / 독서	

to do list			

1미타 3미타 7미타 21미타 50미타

44일차 미라클타임 월 일 시 분

실수해도 괜찮고 넘어져도 괜찮아요. 다시 일어나면 되니까.
그래도 네가 많이 다치지 않았으면 좋겠어.

오늘의 질문 #내 몸에서 가장 아껴주고 싶은 곳은 어디인가요?

선생님은 원래 덧니가 있었어요. 입을 다물고 있다가 미소만 지어도 입술과 입술 사이로 삐죽 튀어나온 한쪽 덧니가 존재감을 과시했죠. 그 덕에 대학생 때는 '뚝딱이'라는 별명도 생겼어요. 주변 사람들은 매력적이라고 했지만, 선생님은 덧니가 보이는 게 싫어서 사진을 찍을 때마다 활짝 웃을 수가 없었어요. 결국 치아교정을 선택하게 됐는데, 가끔 그 덧니가 그립고 아쉬울 때가 있어요. '조금 더 아껴줄걸.' 하고 말이죠. 그래서 지금은 전보다 내 몸을 더 사랑하기 위해 노력하고 있어요. 작은 손을 보고는 '작아서 귀엽네.' 동그란 얼굴은 '내 매력이지.'하면서요. 물론, 지금도 내가 가지지 못한 것을 가진 사람들을 보며 부러움을 느끼기도 해요. 하지만 어쩌겠어요. 내 몸은 내가 제일 아껴줘야죠! 오늘은 애정을 담아 내 몸 곳곳에 숨은 매력을 찾아보도록 해요.

내 몸에서 가장 아껴주고 싶은 곳 : ______________________ ♥

감사의 말	
확신의 말	
운동 / 독서	

to do list			

45일차 미라클타임 월 일 시 분

쌤은 아침에 일어나면 바로 음악을 틀어.
네가 듣고 싶은 노래는 뭐야? ♬

백미타 퀘스트 5 #10분 동안 낮잠 자기

이제 누가 깨우지 않아도 새벽에 눈이 저절로 떠지는 신기한 경험을 하는 달리미가 있을 거예요. 하지만 오후가 되면 눈이 천근만근 무거워지는 느낌도 들 텐데요. 이 단계를 잘 넘어가기 위한 오늘의 미션! '10분 동안 낮잠 자기'입니다.

평소 우리가 자는 시간에 비하면 10분이라는 시간이 아주 짧아 보이지만, 그 효과는 어마어마하답니다. 장소는 편안하게 기대어 잘 수 있는 곳이라면 학교든 버스 안이든 모두 좋아요. 낮잠이 익숙해지면 포근한 쿠션도 준비해서 더욱더 편하게 즐겨봅시다.

역사적인 물리학자 아인슈타인, 천재적인 화가 레오나르도 다빈치, 혁신의 아이콘 스티브 잡스도 낮잠을 즐긴 것으로 유명합니다. 달리미도 오늘은 알람을 맞추고 낮잠을 시도해보아요. 미션을 달성한 달리미는 미션 클리어 스탬프에 색을 채워봅시다.

감사의 말	
확신의 말	
운동 / 독서	

to do list			

1미타 3미타 7미타 21미타 50미타

46일차 미라클타임 월 일 시 분

아무도 네 편이 없다고 생각할 때 뒤를 돌아봐.
그 자리엔 선생님이 서 있을 테니.

도전해봐요 #추억담긴 노래 듣기

달리미도 사진을 보며 추억을 떠올리나요? 사진을 보며 추억을 떠올리듯 '노래'를 통해서도 그때의 추억과 감정을 떠올릴 수 있어요. 선생님은 어릴 때 엄마와 오랜 시간 동안 떨어져 지냈어요. 엄마랑 떨어지기 전에 엄마랑 같이 즐겨들었던 노래가 하나 있는데, 바로 성시경의 '거리에서'라는 노래예요. 이 노래를 들으면 엄마 곁에 누워 노래를 듣던 추억이 떠올랐지요. 그래서 엄마랑 헤어진 후 엄마가 그리울 때마다 이 노래를 들으며 위로를 받았어요. 요즘은 옛날 아이돌 노래를 들으며 학창 시절을 추억하기도 한답니다. 오늘은 달리미도 예전에 즐겨듣던 노래를 한 번 들어볼까요? 동요도 좋아요.

가끔 추억 여행을 하며 그때 느꼈던 좋은 감정을 다시 한번 느껴봅시다. 가끔 추억 여행을 하는 것도 좋잖아요!

노래 제목 : ______________ 추억 : ________________________

감사의 말	
확신의 말	
운동 / 독서	
to do list			

47일차 미라클타임 월 일 시 분

오늘은 어떤 감정이 드나요? 바쁘다고 소홀히 하지 말고
내 몸과 마음이 보내는 신호를 느껴보세요!

마음 챙김 #B와 D사이에는 무엇이 있을까요?

여러분은 내일 갑자기 학원을 그만두고 새로운 일을 시작할 수도 있어요. 모든 것은 자신의 선택에 달려있습니다. 여러분에게는 선택할 수 있는 자유가 있고, 그에 대한 결과도 여러분의 책임입니다.

결단을 내렸다면 후회하지 않도록 더 노력하세요. 만약 주변에서 나의 선택을 반대한다면, 선택의 이유를 구체적으로 설명하고 노력하는 모습을 보여주세요. 처음에는 반대하던 사람들도 나중에는 믿고 응원해줄 거예요. 내 선박의 항해자가 다른 누구도 아닌 '나' 자신이 되기를 진심으로 바랍니다.

인생은 B(Birth : 태어남)와 D(Death : 죽음) 사이의 C(Choice : 선택)이다.

감사의 말	
확신의 말	
운동 / 독서	
to do list	

1미타 3미타 7미타 21미타 50미타

48일차 미라클타임 월 일 시 분

다들 각자의 속도가 있어요. 빠르고 느린 것보다 나만의 속도가 중요해요. 오늘도 나만의 속도로 달려볼까요?

오늘의 질문 #좋은 친구란 어떤 친구인가요?

최근에 '우정'이란 말 써본 적 있나요? 어렸을 때, 선생님은 친구들과 편지를 주고받을 때마다 끝에 항상 이 말을 썼어요. '우리 우정 영원히 변치 말자, 우리 우정 forever.' 지금 보니 정말 달달한 표현이네요. 그렇다면 친구 사이에 진정한 우정은 무엇일까요. 선생님은 우정을 이렇게 생각해 봤어요. 슬픈 땐 친구 곁을 지키며 힘이 되어주고, 기쁠 땐 함께 기뻐하며 친구의 행복을 빌어주는 일. 달리미의 생각은 어때요?

진정한 우정을 나눌 수 있는 좋은 친구를 곁에 두고 싶다면 먼저 스스로가 친구들에게 좋은 친구인지 생각해 보세요. 그리고 나부터 좋은 친구가 되도록 노력해보면 어떨까요? 단, 한쪽만 일방적으로 노력하는 관계는 불안할 수 있어요. 친구와 함께 노력하며 멋진 우정을 키워가길 바라요!

감사의 말	
확신의 말	
운동 / 독서	
to do list	

49일차 미라클타임 월 일 시 분

오늘은 쌤도 눈을 뜨기 참 힘들었어.
너무 늦게 잤나 봐 우리 오늘은 조금 일찍 자볼까? 

백미타 퀘스트 6 #무작정 나가서 걷기

달리미는 하루에 산책을 어느 정도 하나요? 혹시 이런저런 이유로 집에서만 하루를 보내고 있지는 않나요? 우리가 활기찬 에너지를 얻기 위해서는 새로운 자극이 필요합니다.

무엇인가 잘 풀리지 않거나 걱정거리가 있을 때, '무작정 밖으로 나가 걸어보아요.' 잠깐이라도 좋습니다. 목적지를 정하지 않고 발길이 닿는 곳으로 걷다 보면 지금까지의 생각과는 전혀 다른 생각이 떠오르기도 합니다. 생각이 많아 머리가 복잡할 때는 아무 생각하지 않고 걸어도 괜찮아요. 그러니 오늘 이 글을 읽고 나면 간단히 겉옷만 걸치고 밖으로 나가봅시다.

공기를 타고 코로 들어오는 풀 내음, 내 몸을 스치는 바람, 살랑거리며 손 흔들고 있는 나뭇잎 소리 등 모두가 달리미를 기다리고 있습니다. 충분히 즐기고 들어와서 기분 좋게 미션 클리어 스탬프에 색을 채워봅시다.

MISSION CLEAR

감사의 말	
확신의 말	
운동 / 독서	
to do list	

1미타 3미타 7미타 21미타 50미

월 일 시 분

벌써 반이나 달려왔네! 여기까지 달려온 너를 위해 노래 한 곡 추천해 줄게! 노을의 '함께'

도전해봐요 #나에게 편지 쓰기

미라클 타임을 보내며 나와 이야기하는 시간을 많이 가져보았나요? 내가 무엇을 좋아하는지, 내 기분은 어떤지, 나는 왜 힘들어하는지를 이해할 수 있는 시간이었길 바랍니다. 온전히 나에 대하여 생각해 보았다면 이번에는 부록5(페이지 130)로 넘어가나에게 편지를 써 봅시다. 큰 상처를 받았던 과거의 나에게 편지를 써도 좋고, 현재의 나에게 응원의 편지를 써도 좋아요. 아니면 한 달, 일 년, 10년 뒤 미래의 나에게 편지를 써 보아도 좋습니다. 편지를 쓸 때 중요한 점은 절대 자신을 비난하거나 자신에게 화내지 않는 거예요. 대부분의 사람이 친구에게 위로도 칭찬도 잘하지만 자신을 위로하고 칭찬하는 건 어색해합니다. 하지만 스스로를 칭찬하는 것도 많이 해볼수록 성장하는 법이에요! 익숙하지 않다고요? 그럼 친한 친구한테 말하듯 상처받지 않도록 좋은 단어를 골라 써 봅시다. 그리고 한 번 소리 내어 읽어보세요. 내가 나에게 전하는 따뜻한 위로를 경험해보는 시간을 가져봅시다.

감사의 말	
확신의 말	
운동 / 독서	
to do list	

월 일 시 분

여기까지 달려오다니, 대단한걸!
너는 이만큼이나 할 수 있는 사람이야. 멋져! 

마음 챙김 #웃기

'행복해서 웃는 게 아니라 웃으니까 행복한 겁니다.', '웃으면 복이 와요.'라는 말을 들어봤나요? 선생님은 잘 웃는 편이어서 반 친구들에게 "우리 선생님은 잘 웃어서 좋아요!"라는 말을 많이 듣는답니다. 내가 웃으면 주변 사람 기분까지 좋아지는 힘이 있다는 것을 알고 있나요? 지금 최대한 과장해서 박수를 치며 크게 웃어보세요.

"하하하하하!"

그리고 다른 친구들 앞에서 갑자기 박수를 치며 웃어보세요! 친구들이 당황하면서도 같이 웃게 될 거예요. 그럼, 오늘도 웃음이 많은 하루를 보내길 바라요.

내가 박수치며 웃었을 때, 친구들의 반응은?

감사의 말	
확신의 말	
운동 / 독서	
to do list	

1미타 3미타 7미타 21미타 50미타

52일차 미라클타임 월 일 시 분

오늘은 왠지 오이를 먹고 싶네. 갑자기 웬 오이냐고?
52일 차잖아. 오늘은 가볍게 웃고 시작하자!

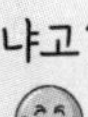

오늘의 질문 #나에게 '절반'은 어떤 의미인가요?

지금 내게 가장 와닿는 문장에 체크해볼까요? ✓

□ 반이나 했어 □ 반이나 남았어 □ 반밖에 못했어 □ 반밖에 안 남았어

모두 같은 상황인데도 사뭇 다른 느낌을 풍기는 문장들이죠. 선생님도 여러분처럼 100일 프로젝트를 한 적이 있어요. 그때 51일 차 일기를 이렇게 시작했어요. '반이나 했어!!' 사실, 작심삼일만 넘기자 하는 마음으로 시작했는데 50일을 넘게 하고 있으니 신기하면서도 뿌듯했어요. 자연스레 남은 50일도 잘 해낼 수 있을 거라는 자신감이 생겼죠. 달리미는 어떤 마음이 드나요? 선생님은 우리 달리미가 지금의 자신을 충분히 자랑스럽게 여겨도 된다고 생각해요. 무려 반이나 왔잖아요. 그리고 우리는 지금 52미타를 달리고 있어요. 남은 거리는 생각보다 수월하게 달릴 수 있을 거예요. 그러니 반도 남지 않은 이 여정, 함께 달려봐요!

감사의 말	
확신의 말	
운동 / 독서	
to do list	

월 일 시 분

소오름! 벌써 절반을 넘어왔다니 너무너무 멋진데?

오늘은 누구에게든 기분 좋게 자랑해봐

백미타 퀘스트 7 #감사한 것을 소리 내어 말하기

이제는 달리미의 하루가 점점 감사한 것들로 채워지고 있을 거예요. 하지만 머릿속으로 생각만 하면 금방 사라지기 마련입니다. 그래서 오늘의 미션은 '감사한 것을 소리 내어 말하기'에요.

예를 들어, [아침에 눈을 뜰 수 있어서 감사합니다. 잠을 잘 수 있는 공간이 있어서 감사합니다. 학교에 다닐 수 있어서 감사합니다. 나를 응원해 주는 백미타 선생님들이 있어서 감사합니다.] 등 아주 사소한 것이라도 천천히 음미하면서 말해보아요.

달리미의 입에서 출발한 문장이 다시 달리미의 귀로 들어가면서 큰 울림을 줄 것입니다. 눈을 감고 그 울림을 충분히 느껴보세요. 머릿속으로 떠올리거나 글로 쓰는 것과는 또 다른 감동을 느낄 수 있을 겁니다. 오늘 적은 감사의 말을 소리 내어 말해보고 미션 클리어 스탬프에 색을 채워봅시다.

감사의 말	
확신의 말	
운동 / 독서	
to do list	

54일차 미라클타임 월 일 시 분

오늘도 긍정적인 생각으로 하루를 보내보자!
긍정적인 생각도 습관이 되는 걸 경험해봐

도전해봐요 #일상 기록하기

선생님은 항상 아이디어 노트를 가지고 있어요. 그래서 기록하고 싶은 것을 만나면 글로 남겨둡니다. 좋아하는 노래 가사를 쓰기도 하고, 책을 읽다가 인상 깊은 구절을 만났을 때 베껴 쓰기도 합니다. 예쁜 구름을 만났을 때 그 구름을 카메라로 찍고 간단한 내 생각을 노트에 쓰기도 해요. 여행하며 좋았던 음식, 좋았던 공간에 대한 기록도 남겨놓죠. 이 노트는 미라클 타임에도 유용하게 쓰여요. 미라클 타임을 하면서 여러 생각이 머릿속을 괴롭힐 때 지금 나를 괴롭히는 생각들을 떠오르는 대로 노트에 쏟아붓고 나면 마음이 개운해져요. 그래서 선생님은 아주 어릴 적 상처받았던 기억을 글로 써보면서 내 마음을 달래기도 합니다. 오늘은 '나는 할 수 있다'를 여러 번 쓰면서 의지를 불태웠어요. 여러분도 여러분만의 아이디어 노트를 마련해 보는 건 어떨까요? 스마트폰에서 노트 어플을 활용해도 좋아요!

감사의 말	
확신의 말	
운동 / 독서	
to do list	

월 일 시 분

이유 없이 힘든 날 있니? 네 감정을 마음껏 표현해봐.
직접 욕하는 게 아니니 누군가를 욕해도 좋아.

마음 챙김 #케세라세라(que sera sera)

삶은 내가 원하는 방향대로만 흘러가지는 않습니다. 친한 친구와 다른 반이 되기도 하고, 죽을 것처럼 공부했는데 기대만큼 성적이 나오지 않기도 합니다.

'반에 친한 친구가 안 생기면 어떡하지?', '원하는 학교에 못 가면 어떡하지?' 그럴 때마다 선생님이 혼잣말로 되뇌었던 주문이 있어요.

케세라세라(Que sera sera): 무엇이 될 것은 결국 되기 마련이다.

이 말은 스페인어로 '어떤 일이 닥쳤을 때, 이미 일어난 일이므로 너무 좌절하거나 고민하지 말고 내가 할 수 있는 만큼 열심히 해야 한다.'라는 뜻입니다. 또한 '미래에 일어나지 않는 일에 대해서는 미리 걱정하지 말라'는 의미를 담고 있기도 하죠. 시험 성적이나 불확실한 미래 때문에 걱정하고 있지는 않나요? 마음속으로 마법의 주문을 외쳐보세요. "케세라세라"

감사의 말	
확신의 말	
운동 / 독서	

to do list			

1미터 3미터 7미터 21미터 50미터

56일차 미라클타임 월 일 시 분

좋아하는 노래가 있나요? 오늘은 내가 좋아하는 음악을 맘껏 들어볼까? 기분이 더 좋아질 거야 ♪

오늘의 질문 #나의 장점은 무엇인가요?

자신이 사랑받을 만한 가치가 있는 소중한 존재라고 믿는 마음, 즉 나를 존중하는 마음을 무엇이라고 할까요? 바로 '자존감'입니다. 자존감을 키우고 싶은 달리미는 주목! 한 가지 방법을 소개할게요. 바로, 나의 긍정적인 특징들을 종이에 적어보는 거예요. 나의 장점, 잘하는 것, 내가 이룬 성취, 남에게 들었던 칭찬 같은 것들을 생각나는 대로 적어보세요. 이때 '나는 그림을 잘 그려.'라고 생각했다가 '그렇지만, 나보다 잘 그리는 사람도 많은데.'라며 나의 장점을 과소평가하는 것은 절대 금물!

중요한 것은 나 자신을 기준에 두는 거예요. 나에 대한 좋은 점들을 손으로 다 썼다면 눈으로 천천히 읽어 보고 잘 보이는 곳에 붙여 두세요. 아래 '확신의 말'을 통해서 나를 향한 긍정의 주문을 매일 하는 것처럼 내가 지닌 긍정적인 것들에도 힘껏 집중해보아요. 분명, 자신에 대한 확신이 생기고 자존감이 높아진 달리미를 발견할 수 있을 거예요.

감사의 말	
확신의 말	
운동 / 독서	

to do list			

57일차 미라클타임 월 일 시 분

쌤은 네가 참 좋아. 누군가 떠올리기만 해도
기분 좋을 때 있잖아. (나만 그런 거야?)

배쌤의 백미타 이야기 1 #좀비가 된 하루

지금까지 달리미와 다양한 방법으로 미라클 타임을 함께 했어요. 백미타의 절반이 넘도록 달려온 달리미를 응원하며 이제는 선생님의 이야기를 나눠보려고 해요. 앞으로의 이야기는 개인적인 경험이니 사람마다 다르게 느껴질 수 있습니다. 가볍게 참고하면서 읽어보도록 해요.

선생님은 처음 미라클 타임을 시작하고 나서 하루하루가 너무나 행복했답니다. 그래서 다음 날이 조금이라도 빨리 오길 바랐어요. 그러다 보니 점점 눈을 뜨는 시간이 빨라져서 어느 날은 새벽 2시, 새벽 1시에도 눈이 떠지기 시작했답니다. 처음에는 어떻게 해야 할지 몰라서 그 시간에 여러 가지 일을 했어요. 그런데 며칠이 지나고 나니 너무나 피곤해졌습니다. 아침엔 행복이 넘치지만, 저녁만 먹고 나면 눈만 뜨고 있는 좀비가 되고 말았죠. 그래서 지금은 너무 일찍 깨어나는 날에는 컨디션 조절을 위해 다시 눈을 감는답니다. 달리미도 이런 경험을 겪게 된다면 다음 날을 위해 다시 눈을 감아봅시다.

감사의 말	
확신의 말	
운동 / 독서	

to do list			

58일차 미라클타임 월 일 시 분

슬픔이나 좌절이 생겼다 해도 해지기 전에 반드시
즐겁게 보낼 시간을 따로 마련하라 -얼 라이팅게일

현서쌤 수다 1 #세상을 바라보는 눈

몇 년 전만 해도 선생님은 행복한 날보다 우울한 날이 더 많은 사람이었어요. '왜 나에게만 이런 일들이 생기는 거야?'라는 생각이 머릿속에 가득했죠. 그러다 미라클 모닝을 알게 되어 감사 일기를 쓰기 시작했어요. 처음에는 감사 일기를 쓰려고 해도 도저히 감사할 일이 떠오르지 않았어요. 그래서 아주 사소한 것부터 쓰기 시작했답니다. '책을 한 장 읽은 것에 감사합니다. 길가에서 귀여운 고양이를 마주쳐서 감사합니다.' 그렇게 3년 동안 감사한 일을 매일 세 가지씩 쓰다 보니 선생님에게 많은 변화가 나타났어요. 그리고 지금, 저는 우울한 날보다 행복한 날이 더 많은 사람이 되었어요. 제 삶이 크게 변화했냐 고요? 아니요. 세상을 바라보는 선생님의 마음이 바뀌었답니다. 이제는 힘들고 어려운 일이 생겨도 경험을 통해 더 성장할 수 있다는 것에, 또 그 일을 헤쳐나갈 용기가 있음에 감사하게 되었지요. 달리미도 일상 속에서 감사한 일을 써보면서 마음의 놀라운 변화를 느껴보길 바라요.

감사의 말	
확신의 말	
운동 / 독서	

to do list			

59일차 미라클타임 월 일 시 분

아침이 좋아, 밤이 좋아? 쌤은 아침! 새소리 를
들으면서 미라클 타임을 하면 기분이 좋아져.

몸챙김 #건강한 습관 만들기

달리미는 건강을 위해 노력하고 있는 것들이 있나요? 선생님은 원래 자세도 구부정했고 물을 안 마시거나 다리를 꼬는 등의 안 좋은 습관들도 있었어요. 이런 안 좋은 습관이 계속되니 허리도 점점 안 좋아지고 오래 걸으면 한쪽 발목만 아팠어요.

그래서 요즘엔 의식적으로 배에 힘을 주고, 허리를 곧게 펴려고 합니다. 공부나 일을 오래 할 때는 목과 어깨 스트레칭도 꼭 해줘요. 또, 한 시간마다 200ml의 물을 마실 수 있도록 눈금이 표시된 물병을 들고 다닙니다. 이제는 습관적으로 물을 많이 마시게 되었어요. 이렇게 간단한 습관들이 모여 건강한 몸을 만든답니다. 달리미들도 바로 지금, 허리를 곧게 펴고 스트레칭도 해보아요!

건강한 몸을 위해 달리미가 만들고 싶은 습관 한 가지를 빈칸에 적어봅시다.

감사의 말	
확신의 말	
운동 / 독서	

to do list			

1미타 3미타 7미타 21미타 50미타

60일차 미라클타임 월 일 시 분

영화 주인공이 되고 싶었던 적 있어? 그렇다면 오늘이 바로 그날이야! '오늘'의 주인공은 바로 너니까.

오늘의 질문 #정답이 있나요?

'인생에 정답은 없다'라는 말이 있습니다. 우리가 음식을 먹다가 맛이 내 취향이 아니면 어떻게 하나요? 입맛에 맞는 다른 걸 먹지요. 미라클 타임도 마찬가지예요. 꼭 아침에 하는 것만이 정답은 아니랍니다. 누군가에게는 아침이 좋을 수도 있고 누군가에게는 밤이 좋을 수도 있으니까요. 지금까지 미라클 타임을 하는 시간대가 달리미에게 어떻게 느껴졌나요? 아직 잘 모르겠다면 조금 더 시도해봐도 좋습니다. 그럼 조금씩 내게 잘 맞는 시간대가 언제인지 분명해질 거예요.

무엇보다 중요한 건 내가 경험해보고 느끼는 거예요. 이게 나랑 잘 맞는 것인지 판단하는 과정이니까요. 마치 내 입맛에 딱 맞는 맛집을 찾는 것처럼요! 아침이든 밤이든 낮이든 상관없습니다. 내게 맞는 방법대로 미라클 타임을 즐기면 그걸로 충분해요. 기적은 정해진 시간에 오는 게 아니라 내가 정한 시간에 찾아올 거예요. 오늘도 자신을 알아가는 과정에 있는 달리미를 온 힘으로 응원할게요. ♥

감사의 말			
확신의 말			
운동 / 독서			
to do list			

남이 아닌 나를 바라보는 시간

선생님은 어렸을 때부터 반장도 하고, 공부도 열심히 하는 학생이었어요. '내가 받아쓰기 백 점을 받아오면 가족들이 좋아하는구나.', '내가 이런 행동을 하면 친구들이 좋아하는구나.' 칭찬과 인정을 받는 것이 좋았거든요. 하지만 어른이 되니 시험 성적을 받을 일은 거의 없어졌고, 나 혼자 있는 시간이 많아졌죠. 외로웠어요. '나는 어떤 사람이지? 나는 무슨 일을 할 때 행복하지?' 심지어 내가 좋아하는 옷 취향도 모르겠더라고요. 다른 사람의 기준에 맞춰 살아왔기 때문이었죠.

혼자서 그림도 그리고 여러 가지 운동도 해보다가 미라클 타임을 만났어요. 미라클 타임을 하면서 명상, 확신의 말, 운동, 독서, 기록을 매일 조금씩 하게 되었죠. 매일 아침 나를 바라보는 시간을 갖게 되니 많은 것들이 변했어요.

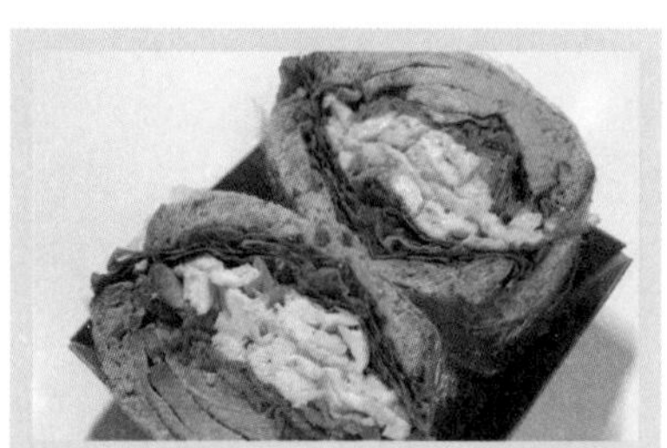

매일 똑같이 반복되었던 지루한 일상은 하루하루가 소중한 새로운 날들로 바뀌었어요.
과거와 미래에 대한 걱정이 아닌 바로 지금, 나와 대화하는 시간을 갖게 되었어요.
안 좋은 일이 생기면 고민과 불안에 빠졌었는데, 침착하게 대처하는 힘이 생겼어요.
운동을 하다 보니 몸도 튼튼해지고, 마음도 튼튼해졌어요.
기록을 시작하니 추억도 쌓이고, 어려운 순간들을 극복할 '나' 지침서가 만들어졌어요.
그렇게 조금씩 조금씩, 내가 어떤 사람인지 알아가게 되었어요.

말 그대로 미라클 타임, 기적의 시간이 선생님에게 새로운 삶을 선물해 주었어요. 물론 가끔은 늦잠을 잘 때도 있고, 바쁘면 미라클 타임을 건너 뛰는 날들도 있어요. 하지만 괜찮아요, 내일 하면 되니까요! 달리미도 백.미.타.를 하면서 나를 바라보는 시간을 가지면 좋겠어요. 그 시간을 통해 여러분의 삶을 아껴주고 사랑해 주기를 바라요.

월 일 시 분

매일 성공할 수는 없어. 실패할 때도 있지.
그러니까 실패했다고 자신을 탓하지 않기! 약속 

배쌤의 백미타 이야기 2 #여유가 주는 기회

선생님은 미라클 타임이 너무나도 즐거워서 낭비하는 시간을 줄이고자 노력했어요. 해야 하는 일이 있으면 집중해서 빨리 끝내고, 미라클 타임을 즐기려고 했답니다. 그러다 보니 미라클 타임을 보낼 수 있는 시간이 많아졌어요. 길어진 미라클 타임을 어떻게 하면 알차게 보낼 수 있을까 고민하다가 평소에 하고 싶었던 일을 도전했습니다. 춤추기, 노래 연습하기, 글쓰기. 이렇게 내가 평소에 하고 싶었던 일을 하다 보니 좋은 기회도 많이 찾아왔어요. 이렇게 책으로 달리미를 만나게 된 것처럼 말이죠.

달리미도 지금까지 백미타를 해오면서 조금이나마 여유로운 시간이 늘었을 거예요. 평소에 하고 싶었던 일을 해보면 어떨까요? 하루에 단 10분이라도 좋아요. 내가 좋아하는 일, 하고 싶었던 일을 꾸준히 하다 보면 내가 몰랐던 나의 재능도 찾을 수 있고, 새로운 기회를 얻을 수도 있어요! 달라진 오늘을 시작으로 또 다른 꿈을 기대해봅시다.

감사의 말

확신의 말

운동 / 독서

to do list

1미타 3미타 7미타 21미타 50미

월 일 시 분

굿모닝! 밤새 잘 잤니?
오늘도 이렇게 책을 펼쳐 미라클 타임을 보내는 널 칭찬해. ♬

현서쌤 수다2 #내가 행복한 순간

선생님이 행복을 느낄 때는

[일을 끝내고 좋아하는 파스타를 먹으며 하루를 마무리할 때, 길을 걷다 고양이를 마주쳤을 때, 유기견 봉사활동을 할 때, 우리 집 강아지랑 산책할 때, 조용한 곳에서 혼자 시간을 보낼 때, 친한 친구에게 마음을 담아 선물할 때, 샤워하며 좋아하는 노래를 부를 때, 열심히 준비한 수업에 대해 학생들 반응이 좋을 때]예요.

선생님은 매일 일상 속에서 소소한 행복을 느끼는 걸 좋아한답니다.   
여러분은 언제 행복을 느끼나요? 자유롭게 써 봅시다.

감사의 말	
확신의 말	
운동 / 독서	
to do list	

63일차 미라클타임 월 일 시 분

가족이나 친구 관계 때문에 힘들지는 않나요?
다 괜찮아요. 괜찮아질 거야. 토닥토닥

몸 챙김 #잘 자기

혹시 잠을 잘 자지 못하거나 늦게 자는 친구들이 있나요? 잠은 여러분 생각보다 훨씬 더 중요하답니다. 잠을 자는 동안 우리 몸은 내일 쓸 에너지를 충전하기 때문이에요. 특히 밤 10시~새벽 2시에는 성장호르몬이 분비되기 때문에 되도록 그전에 자는 것을 추천해요. 일찍 잠들기 어려운 친구들을 위해 선생님이 쓰는 꿀팁 몇 가지를 소개할게요.

1. 안대나 귀마개를 착용해요.
2. 따뜻한 우유나 카페인이 없는 따뜻한 차를 한 모금 마셔요. (많이 마시면 밤에 화장실 가야 해요)
3. 머릿속으로 양을 999마리부터 거꾸로 세요. 이때 양이 울타리를 넘어가는 모습을 꼭 상상하기!
4. 유튜브에 '잠 잘 오는 소리'를 검색해서 들어요. 빗소리, 새소리, 장작 타는 소리 등 여러 가지 소리가 있어요.
5. 따뜻한 물로 샤워해서 몸을 노곤하게 만들어요. 나도 모르게 스르르 잠들 거예요.

감사의 말	
확신의 말	
운동 / 독서	
to do list	

1미타 3미타 7미타 21미타 50미타

64일차 미라클타임 월 일 시 분

학교는 쉬는 시간, 운동에는 휴식 시간이 있어. 동영상도 일시 정지 버튼이 있지. 쉬고 싶다면, 오늘은 잠시 쉬어가도 돼.

오늘의 질문 #어떻게 백미타 책을 갖게 되었나요?

선물로 받았을 수도 있고, 서점에서 직접 샀을 수도 있고, 택배로 받았을 수도 있겠네요. 첫날 이 책을 펼쳤을 때 어떤 마음이었는지 그때의 나를 떠올려보아요. 그때의 나와 비교하면 이걸 읽고 있는 지금의 나에게는 어떤 변화가 생겼나요? 아침에 일어나는 게 더 이상 힘들지 않을 수도 있고, 미라클 타임이 습관이 되었을 수도 있어요. 또는 티가 나지 않더라도 긍정적인 변화가 이미 내 안에 스며들어 있을 수도 있어요. 당장 변화가 눈에 보이지 않더라도 조급해하지 말아요. 64일이나 미라클타임을 꾸준히 실천했으니 어느 날 갑자기 변화한 자신을 만나게 될지도 몰라요!

이 책을 만나게 된 이유가 무엇이든 여기까지 온 달리미가 진심으로 멋져요! 

달리미를 스스로 응원해주세요!

감사의 말

확신의 말

운동 / 독서

to do list

65일차 미라클타임 월 일 시 분

이제 달리미도 혼자 쓸 수 있는 시간이 많아졌니?
우리 그 시간을 의미 있게 써보자.

배쌤의 백미타 이야기 3 #긍정왕의 비밀

선생님이 올빼미형이었던 시절에는 아침에 일어나기가 정말 힘들었어요. 특히 알람이 울리면 짜증을 내면서 5분 후로 다시 맞추고 엎드리기 일쑤였죠. 이렇게 힘들게 하루를 시작하다 보니 웃음을 찾기가 쉽지 않았어요. 그러다 미라클 타임을 시작하면서 누가 깨우지 않아도 자연스럽게 눈이 떠지기 시작했어요. 신체리듬에 맞추어 일어나다 보니 몸도 마음도 매우 가벼워졌죠. 게다가 미라클 타임을 통해 긍정적인 에너지가 만들어지면서 무엇이든 할 수 있다는 자신감이 생겼어요. 이 에너지는 주변 사람들에게도 흘러갔고, 함께 웃는 시간이 늘어나기 시작했어요. 또 일을 억지로 하는 것이 아니라 즐기면서 하다 보니 좋은 결과로 이어지게 되었죠.

이렇게 사소하게 보일 수도 있는 변화가 선생님을 '긍정왕'으로 만들어 주었답니다. 눈을 뜨는 순간을 기분 좋게 만들어보아요. 변화는 의외로 작은 것에서부터 시작된답니다.

감사의 말	
확신의 말	
운동 / 독서	
to do list	

1미타 3미타 7미타 21미타 50미타

66일차 미라클타임 월 일 시 분

나에게도 관대한 마음을 가지자.
누구나 실수도 하고 잘못도 하고 살아간단다.

현서쌤 수다3 #1년 내내 비가 내리진 않아요

여러분, 오늘 날씨는 어떤가요? 어제와 같은 날씨인가요? 모두 알다시피 날씨는 계속 변해요. 지금은 아주 맑아도 갑자기 소나기가 내릴 수도 있어요. 반대로 태풍이 몰아치다가도 며칠 뒤에는 언제 그랬냐는 듯 맑아지지요. 감정은 날씨와 똑 닮았어요. 해가 쨍쨍 뜰 때도 있고, 비가 장대같이 쏟아지기도 하고, 태풍이 몰아치기도 하고, 눈이 펑펑 내리는 날도 있어요. 마음도 일기예보를 미리 해줄 수 있으면 좋으련만, 살아가는 동안 생기는 크거나 작은 사건은 아무도 예측할 수 없죠. 하지만 선생님이 이거 하나는 알아요. 1년 내내 비가 내리지는 않는 것처럼 슬프고 우울한 날도 결국엔 지나간다는 걸요. 그러니 마음속에 태풍이 찾아와 파도가 치면 잠깐 쉬어가세요. 곧 해가 쨍쨍 뜨는 날이 올 테니. 🌞

오늘 달리미의 마음 날씨는 어떤가요?

감사의 말

확신의 말

운동 / 독서

to do list

월 일 시 분

무슨 노래 좋아해? 노래 틀어놓고 백미타하면 힐링이더라~
너도 배경 음악 틀어놓고 백미타 해봐♬

몸 챙김 #요리하기

달리미는 요리 좋아하나요? 가끔은 나와 가족을 위해 요리를 해서 대접해보는 것은 어떨까요? 유튜브에도 쉽고 간단한 요리가 아주 많이 소개되어 있답니다.
오늘은 전자레인지로 만들 수 있는 치즈 밥을 소개할게요.

치즈 밥 만드는 방법

1. 케첩 1.5, 고추장 1, 설탕 0.5 스푼으로 섞어주세요.
2. 소스에 밥과 햄(또는 참치)을 넣고 섞어요.
   옥수수 콘을 넣으면 더 맛있어요!
3. 밥 위에 모짜렐라 치즈를 듬뿍 올려요.
4. 전자레인지에 1분 30초 돌리면 완성!
5. 맛있게 먹어요.

감사의 말			
확신의 말			
운동 / 독서			
to do list			

1미타 3미타 7미타 21미타 50미타

월 일 시 분

가장 쉽게 행복해질 수 있는 방법이 하나 있어요,
바로 먹는 행복이죠. 오늘은 맛있는 거 먹자!

오늘의 습관 만들기 1 #매일 하는 행동에 이어 붙이기

습관 만들기를 시도했다가 실패해본 적 있나요? 선생님은 자주 그랬답니다. 비장한 마음으로 새로운 습관을 만들기 위해 따로 시간을 마련했지만, 작심삼일에 그친 적이 한두 번이 아니에요. 이럴 때, 더욱 자연스럽게 습관을 만들 수 있는 팁을 하나씩 소개할게요.

첫 번째 팁은 '내가 하는 행동 뒤에 내가 만들고 싶은 습관을 이어 붙이기'예요. 말 그대로입니다. 예를 들어 선생님은 아침에 깨면 일어나서 바로 화장실에 갑니다. 의식하지 않더라도 매일 하는 행동이죠. 여기서 '이부자리 정리' 습관을 만들고 싶다면 화장실에 다녀온 후 바로 이부자리 정리를 이어서 하는 거예요. 아주 단순해요. 미라클 타임에도 적용해 볼 수 있어요. 내가 미라클 타임을 하는 시간을 아침으로 잡았다면 원래 아침에 매일 하던 일 다음 순서로 붙여서 하는 거예요. 저녁으로 잡았다면 양치를 하고 나서 미라클 타임을 이어 하는 것도 방법이 될 수 있답니다. 한번 시도해보세요!

감사의 말	
확신의 말	
운동 / 독서	

to do list			

69일차 미라클타임 월 일 시 분

가끔은 단순하게 생각하는 것도 좋아.
복잡하게 생각한다고 해서 문제가 해결되는 것도 아니거든.

배쌤의 백미타 이야기 4 #슬럼프 극복기

선생님도 미라클 타임을 습관으로 만들기까지 많은 시행착오를 겪었어요. 가끔 '하루 정도는 그냥 지나치고 싶다'라고 생각이 들 때도 있었죠. 그러다 깊은 슬럼프에 빠지기도 했어요. 하지만 결국에는 다시 돌아오려고 열심히 노력했어요. 왜냐하면, 그동안 미라클 타임을 하며 느꼈던 감정들을 잃고 싶지 않았거든요. 넘어져도 괜찮아요. 다시 일어나면 되니까요.

슬럼프에 빠지더라도 극복하기 위해 열심히 노력해 보세요. 그 경험이 쌓이면 다음 슬럼프는 더욱더 쉽게 빠져나올 수 있을 거예요. 선생님은 미라클 타임을 실패하는 것이 두렵지 않아요. 실패도 다 경험이 된다고 생각하면 실패마저 소중해진답니다. 그러니 미라클 타임을 하면서 슬럼프가 찾아와도 너무 좌절하지 마세요. 충분히 휴식을 취하고 다시 달리다 보면 어느새 변화한 '나'를 만날 수 있을 거예요.

감사의 말	
확신의 말	
운동 / 독서	
to do list	

1미타 3미타 7미타 21미타 50미타

70일차 미라클타임 월 일 시 분

오늘의 감사일기: '달리미와 함께 미라클 타임을 만들어갈 수 있어 감사합니다.' 함께 해줘서 고마워.

현서쌤 수다 4 #꿈에 다가가는 시간, 미라클 타임

선생님은 어릴 때부터 초등학교 선생님이 되는 것이 꿈이었어요. 하지만 공부를 잘하는 학생은 아니었답니다. 고등학교 1학년 중간고사 수학, 영어 점수가 40점, 50점이었거든요. 주변에서 그 성적으로는 선생님이 되기 힘들다고 말했어요. 그때부터 선생님은 매일 4시 30분에 일어나 공부를 하기 시작했어요. 아무도 일어나지 않는 시간에 공부하니 정말 조용하고 집중도 잘 되더라고요. 그렇게 고등학교 3년을 보내면서 아침 공부의 효과를 톡톡히 보았어요. 여러분에게 아침에 공부하라는 이야기는 아니에요. 다만 뚜렷한 목표가 있으면 미라클 타임을 온전히 그 목표를 이루는 데 사용해도 좋아요. 달리미도 이 시간이 꿈에 한 발짝 다가가는 시간이 되면 좋겠습니다. ♥

감사의 말	
확신의 말	
운동 / 독서	
to do list	

백미타

71일차 미라클타임 월 일 시 분

71걸음이나 왔단 말이야? 쌤을 따라 해봐.
오른손 들어! 머리에 갖다 대! 쓰다듬으면서 말해. "잘했어!"

몸 챙김 #마음껏 놀기

학원 가느라, 숙제하느라 지치고 힘들죠? 쌤은 초등학생 때 성실한 어린이였지만 가끔 아무것도 하기 싫을 땐 부모님께 아프다고 거짓말을 하고 학원을 빠졌답니다. 😅

우리 반의 한 친구는 한 달에 한 번 가족과 정한 <게임의 날>이 있다고 해요. 달리미도 쌤처럼 괜히 거짓말하지 말고 가족과 함께 '게임의 날'이나 '하고 싶은 것만 하는 날'을 정해보는 건 어떨까요? 그 날엔 미라클타임도 쉬어가도 좋아요. 그 대신 평소에는 학교생활도, 숙제도 열심히 하고요. 선생님의 제안, 솔깃하지 않나요?

이 내용을 가족과 함께 공유해보고 우리도 마음껏 노는 날을 만들어 봅시다!

게임의 날

가족과 함께 정한 < >날

감사의 말	
확신의 말	
운동 / 독서	
to do list	

72일차 미라클타임 월 일 시 분

달리미의 웃음 버튼은 뭐예요? 생각만 해도
웃음이 나오는 것! 입꼬리 한 번 올리고 미라클 타임 시작!

오늘의 습관 만들기 2 #아주 작게 시작하기

달리미들, 첫 번째 팁을 시도해보니 어땠나요? 만일 조금 버겁거나 어색했다면 오늘 소개할 두 번째 팁이 도움이 될 거예요. 바로, 아무리 바쁘거나 하기 싫어도 이건 금방 하겠다 싶을 정도의 '적은 양으로 시작하기'입니다.

예로 들었던 '이부자리 정리' 습관을 생각해 봅시다. 화장실에 다녀와 이부자리 정리를 완벽하게 하려고 하면 부담스러워요. 그렇기 때문에 일단 첫날은 베개만 정리하는 거예요. 이불까지는 손대지 않아도 됩니다. 그리고 '베개 정리'만 마음먹더라도 손은 이미 이불 정리를 시작했을 수도 있어요. 목표했던 것보다 한 단계 더 나아간 것이죠. 그렇게 목표를 한 단계씩 올리면 돼요. 독서도 마찬가지예요. '책 한 권 읽기'가 목표라면 '책 꺼내기'부터 시작하면 됩니다. 정말 사소하거나 적은 양이더라도 내가 실천한 것이 중요하기 때문입니다. 한번 시작해볼까요?

감사의 말	
확신의 말	
운동 / 독서	
to do list	

73일차 미라클타임　　월　　일　　시　　분

새벽에 나가서 공기를 마셔본 적 있니?
풀 내음 나는 그 상쾌한 공기, 백만 번 추천이야 

배쌤의 백미타 이야기 5 #일의 크기

달리미는 해야 할 일이 산더미처럼 쌓여있을 때 어떻게 해결하는 편인가요? 선생님은 잠들기 전에 다음 날 할 일을 하나씩 떠올려봐요. 물론 고민되는 일이라면 복잡한 생각들이 꼬리에 꼬리를 물다가 잠을 설칠 수도 있지요. 그래서 구체적으로 계획하지는 않고 단순히 '다음 날 아침에 적을 to do list가 무엇이 있을까?' 정도로만 떠올려봐요.

이런 과정을 반복하다 보면 해야 할 일이 정리된 나만의 일정표가 머릿속에 그려집니다. 그러고 나면 그 안에서 시간이 오래 걸릴 것 같은 일은 미루지 않고 조금씩이라도 하게 되더라고요. 그러다 보니 처음에는 정말 커다랗게 보여 엄두가 나지 않던 일에도 '하나씩 하면 되지!'라는 자신감을 가지고 접근하게 됐어요. 결국, 일의 크기는 내가 걱정하는 마음의 크기와 같아서 얼마나 자주 보고 익숙하게 만드는지가 중요하답니다.

감사의 말			
확신의 말			
운동 / 독서			
to do list			

1미타　3미타　7미타　21미타　50미타

74일차 미라클타임　　월　일　시　분

> 당신이 그 일을 해내려고 한다면,
> 먼저 당신 스스로 해낼 수 있다고 믿어야 한다. - 마이클 조던

현서쌤 수다 5 #마음속 스위치

살다 보면 가끔 부정적인 생각에 깊이 빠질 때가 있어요. 부정적인 생각은 한번 시작되면 힘이 강해서 꼬리에 꼬리를 물어요. 친구랑 다투고 나면 그 친구의 미운 점이 자꾸 떠오르고 나중에는 '그 친구가 다른 친구들에게 내 뒷이야기를 하진 않을까? 그때 왜 그랬지?'라는 걱정이 드는 것처럼요. 또 부정적인 생각은 마음속을 깜깜하게 만들어요. 이럴 때 환하게 불을 켤 수 있는 '마음속 스위치'가 있습니다. 바로 '긍정의 말'이에요. 선생님의 스위치는 "그런데 그게 뭐 어때?"라는 말입니다. 실패해도 "그런데 그게 뭐 어때?"로 시작해서 "다 잘할 순 없지. 나는 할 만큼 했어."라고 말하며 용기를 되찾아요. 달리미도 달리미만의 마음속 스위치를 만들어보세요. 부정적인 생각을 긍정적인 생각으로 바꾸는 스위치 말이에요!

감사의 말	
확신의 말	
운동 / 독서	
to do list	

75일차 미라클타임 월 일 시 분

오늘은 기지개를 피면서 시작해볼까? 기지개를 쭉 펴봐!
고개도 좌우로 돌리고~ 어때? 개운하지?

몸챙김 #신용카드를 먹는 사람들

물고기 배 속에 페트병이 있는 사진, 쓰레기가 산더미처럼 쌓인 사진을 본 적이 있나요? 이제는 이런 사진들이 익숙해져서 그냥 지나쳐버릴 수도 있어요. 그럼 이 이야기는 어때요? 세계 자연기금(WWF)와 호주 뉴캐슬대학교의 '플라스틱 인체 섭취 평가 연구' 보고서에 따르면 한 사람이 일주일에 먹는 미세 플라스틱의 양은 약 5g, 무려 신용카드 한 장의 무게라고 합니다. 한 달이면 플라스틱 옷걸이 한 개를 먹는 것과 같아요. 우리가 의식적으로 노력하지 않으면 날마다 우리 몸에 미세 플라스틱이 쌓이게 될지도 몰라요. 바로 오늘부터 <제로 플라스틱 실천>을 시작해보는 것은 어떨까요?

- 플라스틱 대신 나무나 종이 재질 포장재 고르기
- 비닐봉지 대신 종이가방 사용하기
- 배달음식 시킬 때 "일회용 수저는 안 주셔도 돼요."라고 말하기

감사의 말	
확신의 말	
운동 / 독서	
to do list	

1미타 3미타 7미타 21미타 50미타

76일차 미라클타임 월 일 시 분

오늘의 미션, 나를 맘껏 칭찬하기. "잘 먹는 내가 좋다!", "미라클 타임을 하는 내가 좋다!", "그냥 내가 좋다!"

오늘의 습관 만들기 3 #실천 후 바로 칭찬하기

오늘의 습관 만들기 팁, 세 번째를 소개합니다. 바로 '행동하자마자 칭찬으로 보상하기'입니다. 왜냐하면, 뇌는 '내가 해냈다.'라는 것을 느끼면 이 행동을 오래 기억하게 되기 때문이에요. 그러니 작은 것이라도 행동하고 나면 일단 나를 칭찬해주세요. 나를 칭찬하는 방식은 다양합니다. 거울을 보고 활짝 웃어도 되고, 양팔로 나를 꼭 안아줘도 되고, 주먹을 꽉 쥐어 양팔을 높이 들어도 좋아요. 그 칭찬이 축하처럼 느껴질 만큼 과해도 좋아요. 선생님은 혼잣말로 나를 칭찬해준답니다.

"오! 잘했네.", "역시 나야. 내가 해낼 줄 알았어."

이렇게 보상을 하는데 3초도 채 걸리지 않아요. 지금까지의 습관 만들기 팁 세 가지를 잊지 말고 실천해보세요. 어느새 습관 만들기를 성공한 자신을 발견할 수 있을 거예요. 그렇게 좋은 습관을 하나씩 만들어볼까요?

감사의 말	
확신의 말	
운동 / 독서	
to do list	

77일차 미라클타임 월 일 시 분

우리가 만난 지 벌써 77일이야.
7이 두 개나 있으니 오늘은 운이 좋을 거야

배쌤의 백미타 이야기 6 #선택의 결과 비교하기

미라클 타임을 하다 보면 이전의 습관이 문득 튀어나오는 경우가 있습니다. 예를 들어 저녁 시간에 잠자는 시간을 포기하고 게임을 한다거나 휴대폰에서 손을 못 떼는 것처럼요. 선생님도 최선을 다해 하루를 보내고 나면 스스로 보상받고 싶은 마음에 유튜브를 보다가 제때 멈추지 못할 때가 있어요. 이런 경우 지금까지의 노력이 허무하게 느껴지기도 하지요. 이 문제를 해결하기 위해 선생님은 선택에 대한 결과를 예상해봅니다. 예를 들어 밤늦게까지 유튜브 시청을 선택했을 때 밀려오는 피곤함과 그 시간에 잠을 선택했을 때 다음 날 얻는 개운함을 예상하고 서로 비교해보는 거예요. 그러다 보면 지금 내가 무엇을 할지 결정하기 쉬워지더라고요.

평소에 달리미가 어떤 행동을 하고 나서 느끼는 감정들을 잘 기억해두세요. 그리고 무엇을 해야 할지 선택해야 할 때 그 감정들을 꺼내서 잘 비교한다면 선택에 많은 도움이 될 거예요.

감사의 말	
확신의 말	
운동 / 독서	
to do list	

1미타 3미타 7미타 21미타 50미타

78일차 미라클타임 월 일 시 분

"나는 오늘 즐거운 하루를 보낼 거야.
나는 오늘 나를 더 사랑할 거야." 큰 소리로 외쳐봅시다!

현서쌤 수다 6 #비교하는 습관을 버리는 법

혹시 습관적으로 남과 나를 비교하고 있지는 않나요? 비교하는 습관을 버리기 위해 선생님이 했던 노력을 알려줄게요.

첫째, SNS을 끊는 거예요. 틱톡이나 페이스북을 보는 일, 카카오톡으로 친구들 프로필 사진 보는 일까지도요. 눈에서 멀어지면 비교하는 마음도 확실히 줄어들더라고요. 그러니 달리미도 궁금한 마음을 꾹 참고 안 보도록 노력해봐요! 둘째, 사람마다 가진 것과 장점이 다르다는 것을 떠올려요. 그리고 생각하는 거예요. '세상에 완벽한 사람은 없어.' 그 다음 내가 가지고 있는 장점을 하나씩 떠올려보며 '나도 있는 그대로 괜찮은 사람이구나.' 스스로에게 말해주는 거예요. 셋째, 누군가 나에게 '나와 다른 사람을 비교하는 말'을 꺼낸다면 그 사람을 멀리하세요. 비교하는 습관을 지닌 사람은 남과 남을 비교하기도 해요. 그 사람과 오랜 시간을 함께 보내면 비교하는 습관이 생기기도 한답니다. 누군가의 판단으로 자신을 평가하지 않길 바라요.

감사의 말

확신의 말

운동 / 독서

to do list

79일차 미라클타임 월 일 시 분

개미는(뚠뚠) 오늘도(뚠뚠) 열심히 일을 하네(뚠뚠)
우리도(뚠뚠) 언제나(뚠뚠) 미라클 타임 하네(뚠뚠)♬

순간의 기록 #왜 기록을 해야 해?

달리미는 기록하는 걸 좋아하나요? 선생님은 예전에 글쓰기를 좋아하지 않았어요. 그런데 책을 읽고 난 후의 깨달음, 선생님 반 친구들과 행복했던 시간, 나이가 들면서 달라지는 생각들. 기록하지 않다 보니 어느샌가 잊혀지더라고요. 그러다 어느 날, 쌤이 초등학교 6학년 때까지 쓴 일기를 읽게 되었어요.

지금은 전혀 기억나지 않는 어릴 때의 경험과 생각들이 모여있어 재미있었요. 그 뒤로, 쌤은 소중한 순간들을 간직하고 싶어서 기록하기 시작했답니다. 달리미도 20살, 30살이 되어서 지금 쓴 일기를 보면 신기할 것 같지 않나요? 소중한 추억을 돌이켜보는 건 생각보다 더 특별한 경험이랍니다. 이렇게 달리미와 백미타에서 만날 수 있었던 것도 미라클 타임을 하면서 기록한 덕분 아닐까요? 백미타에서 한 줄씩 기록한 것들이 분명 달리미에게 소중한 보석이 될 거예요. 남은 백.미.타.도 꾸준히 기록해봅시다.

감사의 말	
확신의 말	
운동 / 독서	

to do list			

1미타 3미타 7미타 21미타 50미타

월 일 시 분

이제 20일만 남았네! 우리 20일차에도 만났는데,
혹시 기억나? 아마 지금의 내가 다르게 느껴질걸

우리의 이야기 #공짜로 누리는 행복

푸른 하늘, 나무 아래 그늘, 함박눈, 노을, 새소리, 바람 소리, 풀 냄새

위 낱말들의 공통점은 무엇일까요. 우리가 고개만 살짝 들어도 볼 수 있고, 잠시만 귀를 기울여도 느낄 수 있는 것들이죠. 바로, 우리가 큰 힘을 들이지 않고도 누릴 수 있는 것. 쉽게 말해 '공짜'입니다. 선생님은 이 많은 것 중에 하늘을 정말 좋아해요. 그래서 길을 걷다가도 하늘을 자주 올려다보고 카메라에 하늘 사진을 가득 담아요. 그러다 보면 저절로 기분이 좋아지고 얼굴엔 미소가 번져요. 단지 고개만 살짝 들었을 뿐인데 금세 행복해진답니다. 마음만 먹으면 매일 이 행복을 공짜로 누릴 수 있어요.

오늘은 우리 주변에서 공짜로 누릴 수 있는 것들을 찾아보도록 해요. 그 과정에서 나만의 행복이 찾아올지도 몰라요. 까만 밤에 반짝반짝 빛나는 별들, 시시각각 변하는 구름, 지저귀는 새소리, 바람을 타고 들어오는 풀 냄새. 이 모든 것들이 공짜랍니다!

감사의 말	
확신의 말	
운동 / 독서	
to do list			

나라는 존재

고요한 수면 위로 내 모습을 비추어 본 적 있나요? 거울만큼 선명하지 않더라도 내 얼굴이 아른거리며 보일 때가 있어요. 물 위에 손끝만 잠깐 대었다 떼어도 물결이 엷게 진동하면서 내 모습이 일렁이기 시작합니다. 어쩌면 잠시 형체를 알아볼 수 없게 되기도 해요. 그러다 물결이 잔잔해지면서 흩어졌던 내 모습이 다시 보이기 시작합니다. 분명 나는 그대로 있는데 왠지 모르게 내가 달라진 느낌이 들기도 합니다.

남과 비교하면서 나를 깎아내리자 가만히 나를 비추던 수면이 크게 일렁이며 내 얼굴이 못나 보입니다. 어디서 날아왔는지도 모르는 돌이 물에 빠지자 출렁거리는 물결에 내 모습이 일그러집니다. 다시 수면이 잔잔해져 내 모습을 보이기까지 꽤 오랜 시간이 걸립니다. 잠시 구불거리던 모습도, 잠시 형태를 알 수 없던 순간도, 선명하게 보이는 모습도 모두 진짜 '나'인 것처럼 느껴집니다. 그 물가 위로 비치는 내 모습이 진짜 내가 맞나요? 나는 어디에 있나요. 그 물가를 바라보는 있는 내가 바로 진짜 '나'입니다.

이제는 물가에서 눈을 떼고 고개를 들어보세요. 아마 목이 살짝 뻐근할 겁니다. 꽤 오래 들여다보고 있었으니까요. 그리고 진짜 '나'를 만져보고 느껴보세요. 흔들리는 물결에 쉽게 사라지던 머리카락도, 얼굴도, 내 팔과 다리도 모두 그대로 있습니다. 수면 위로 비친 내가 아닌 진짜 나의 존재를 알아차리세요. 그 어떤 물결에도 흩어지지 않는 내가 여기 이대로 있음을. 그냥 나는 나라는 것을.

여기에는 그 누구도 부정할 수 없는 사실이 하나 있습니다. 바로 '나'는 그 무엇과도 바꿀 수 없는, 세상에 하나뿐인 귀한 존재라는 것입니다. '나'는 그런 사람입니다.

그동안의 미라클 타임을 통해서 달리미는 스스로를 조금씩 알아가는 시간을 보내고 있을 거예요. 자신을 알아가는 과정 속에서 달리미가 꼭 기억했으면 하는 것이 있습니다. 바로 달리미는 존재 자체로 이미 특별하고 충분히 가치 있는 사람이라는 것을요.

81일차 미라클타임 월 일 시 분

좋아하는 노래가 있니?
기분이 꿀꿀할 때는 그 가사를 적어봐.

도전을 넘어 습관으로 1 #나만의 공간 마련하기

지금까지 선생님과 함께 달려온 달리미, 참 대단해요. 👍 오늘부터는 미라클 타임을 더 적극적으로 즐길 방법들을 소개할 거예요. 이제 그동안의 노력들을 습관으로 만들어 봅시다.

달리미는 어떤 장소에서 미라클 타임을 보내나요? 아마 누군가 함께 사용하는 공간이나 여러 가지 소리가 들리는 공간일 수 있어요. 하지만 미라클 타임을 제대로 즐기기 위해서는 나만의 공간을 마련하는 것이 중요합니다. 특히 시끄러운 곳은 피해야 해요. 평소 나에게 집중하는 연습을 오래 하다 보면 주변 소음이 신경 쓰이지 않지만, 처음에는 작은 소리에도 잡생각이 떠올라 방해받기 쉽습니다. 그래서 조용한 장소를 찾아 달리미의 생각을 정리하는 것을 추천해요. 만약에 나만의 장소를 찾기 힘든 상황이라면 눈을 감고 여러분의 숨소리에 집중해보세요. 그러다 보면 어느새 그 자리가 여러분 혼자만의 공간으로 바뀔 것입니다. 그럼 다음 시간에 또 설레는 마음으로 만나요!

감사의 말	
확신의 말	
운동 / 독서	
to do list	

1미타 3미타 7미타 21미타 50미타

82일차 미라클타임 월 일 시 분

내가 노력해도 바꿀 수 없는 것은 고민하지마.
내가 노력해서 바꿀 수 있는 것에 집중해보자. 

현서쌤 수다 7 #걱정을 해서 걱정이 없어지면 걱정이 없겠네

걱정이 너무 많을 때는 종이에 내 머릿속을 복잡하게 만드는 걱정을 모두 써 보세요. 친구들과의 싸움, 외모, 성적, 집안 환경, 다이어트 등 떠오르는 대로 자세하게 써봐도 좋아요. 그다음, '일주일이나 한 달이 지나도 지금처럼 심각하게 걱정할 일인가?'를 생각해 보고 그렇지 않으면 지우세요. 그리고 남은 걱정 중 내가 너무 부정적으로 생각하는 걱정에는 '나쁜 걱정'이라고 써보세요. 그리고 나쁜 걱정이 들 때 마다 '이건 필요하지 않은 걱정이야.'라고 스스로 말하며 걱정을 그만두려고 노력해 보세요. 뜻대로 잘 되지 않을 때는 운동이나 독서를 하며 시간을 보내도 좋아요. 아직 남은 걱정은 내가 노력하면 없어지는 걱정일 거예요. 지금 당장 그 걱정을 없앨 수 있는 노력을 해보세요. 그래도 해결되지 않는다면 주변에 도움을 요청해도 좋아요. :)

감사의 말	
확신의 말	
운동 / 독서	
to do list	

83일차 미라클타임 월 일 시 분

오늘 기분은 어때? 아픈 곳은 없니?
누군가에게 털어놓고 싶은 고민은 없어? 여기 다 털어내 봐.

순간의 기록 #감정 일기

편지, 독후감, 알림장 등 다양한 기록 중에서도 단연 일기는 기록의 꽃이라고 할 수 있죠! 일기도 여러 방법으로 쓸 수 있다는 것 알고 있나요? 앞으로 선생님이 세 가지 종류의 일기를 소개할게요.

첫 번째는 [감정 일기]입니다. 감정 일기는 있었던 사실들만 나열하기보다는 인상 깊었던 일 한 가지에 대한 나의 감정을 구체적으로 표현하는 거예요. 있었던 일이 아닌 나의 감정, 생각과 느낌에 더 초점을 맞추는 거죠. 맨 윗줄에 감정을 나열한 후 일기를 써도 되고, 중간중간에 감정을 표현해도 됩니다.

쓰다 보면 '아쉬웠다, 좋았다.'라는 단순한 표현에서 '시원하면서도 섭섭했다, 마음이 몽글몽글해졌다, 기분이 이상하면서도 뿌듯했다.' 등 다양한 표현이 나오게 될 거예요.

36미타(페이지 53)에 나오는 감정 중에서 골라서 일기를 써보아도 좋아요!

감사의 말			
확신의 말			
운동 / 독서			
to do list			

1미타 3미타 7미타 21미타 50미타

84일차 미라클타임 월 일 시 분

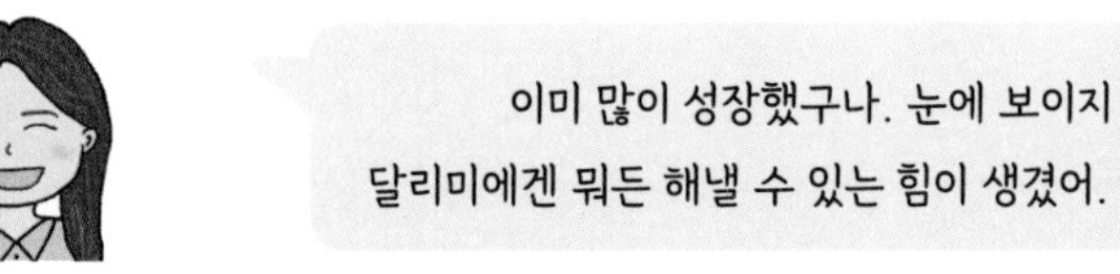

이미 많이 성장했구나. 눈에 보이지 않더라도
달리미에겐 뭐든 해낼 수 있는 힘이 생겼어. 충분히 멋있어

우리의 이야기 #뭘 고를지 모르겠어. 아무거나!

음식 메뉴를 고를 때나 무언가를 골라야 하는 상황에서 선택하지 못해 '아무거나'라고 답해본 적 있나요? 선생님이 그랬거든요. '아무거나'라는 말의 이면에는 '내 선택이 별로면 어떡하지.' 하는 두려움이 있었어요. 후회하지 않을 최선의 선택을 하고 싶었던 거죠. 그렇게 매번 선택을 미루던 어느 날 친구가 물었어요. "넌 뭐를 제일 좋아해?" 그런데 선뜻 답이 떠오르지 않아서 당황스러웠던 적이 있어요. 그때부터 조금씩 내가 좋아하는 것들을 찾아보기 시작했습니다. 과일부터 시작해서 색깔, 계절, 장소, 옷 스타일, 취미 등 하나씩 범위를 넓혀가다 보니 이전엔 몰랐던 나만의 취향이 보이더라고요. 좋아하는 것들을 알아갈수록 '아무거나'라고 대답하는 일도 자연스럽게 줄어들었답니다. 혹시, 선택을 망설인 적이 있다면 오늘부터 나만의 취향을 하나씩 찾아보면 어떨까요?

간단한 것부터 시작해봐요. 탕수육 □부먹 vs □찍먹

감사의 말			
확신의 말			
운동 / 독서			
to do list			

85일차 미라클타임 월 일 시 분

쌤은 이제 아침이 매우 기다려집니다.
오늘도 달리미와 함께라서 감사합니다. 🙏

도전을 넘어 습관으로 2 #나와 어울리는 음악찾기

달리미는 어떤 음악을 좋아하나요? 선생님은 주로 일에 집중할 수 있도록 도와주는 음악을 좋아한답니다. 그래서 카페에서 차를 마시다가도 문득 마음을 편안하게 만들어주는 음악이 나오면 꼭 제목을 저장해두어요.

달리미도 상황에 따라 감정을 다스릴 수 있게 도와주는 노래를 꾸준히 모아보세요. 그리고 필요할 때 꺼내 보아요. 우울함을 벗어나고 싶을 때는 신나는 음악을, 조용히 마음을 들여다보고 싶을 때는 잔잔한 음악을, 슬픔에 빠져있을 때는 위로가 담긴 음악을요.

그럼 미라클 타임에도 음악을 적용해볼까요? 선생님은 특히 이때 듣는 음악을 고르기 위해 많은 시간을 들입니다. 하루의 시작을 깨우는 노래이니 아무 노래나 들을 수는 없잖아요? 내 감정을 이해하거나 위로하는 데 도움을 주는 음악이면 더욱더 좋습니다.

음악과 함께 한다면 지치지 않고 더 오래오래 뛸 수 있을 거예요!

감사의 말	
확신의 말	
운동 / 독서	

to do list			

1미타 3미타 7미타 21미타 50미트

86일차 미라클타임 월 일 시 분

오늘도 행복의 씨앗을 뿌려볼까?
100일 동안 뿌려진 씨앗은 나중에 꽃을 피우게 될 거야

현서쌤 수다 8 #끝날 때까지는 끝난 게 아니다!

선생님은 야구 경기를 보는 걸 좋아해요. 유니폼을 입고 야구장에 갈 정도로요. 하루는 야구 경기를 보는데 선생님이 응원하는 팀이 8회 말까지 지고 있었어요. 그래서 '오늘 경기도 지는구나.' 싶어서 끝까지 보지 않고 집으로 돌아갔어요. 그런데 그날, 선생님이 응원하는 팀이 9회 말에 역전승했답니다. 가장 짜릿한 역전승을 놓치다니 며칠 밤을 후회했는지 몰라요. 생각해 보면 인생은 야구와 같아요. 야구는 8회 말까지 지더라도 9회에 역전할 수 있는 스포츠거든요. 인생도 마찬가지예요. 지금 실패하거나 실수한다고 인생이 끝나는 게 아니에요. 실패와 실수도 인생을 잘 살기 위한 과정이죠. 작은 실패에 좌절하지 말고, 그 실패를 딛고 일어서보는 건 어떨까요? 끝날 때까진 끝난 게 아니니까요!

	1	2	3	4	5	6	7	8	9	TOTAL
GUEST	0	1	0	0	2	0	0	0	0	3
HOME	1	0	0	0	0	0	0	0	3	4

감사의 말

확신의 말

운동 / 독서

to do list

월 일 시 분

선생님이 어릴 때부터 외치고 다녔던 구호가 있어.
"정해진 운명이란 없어! 내 운명은 내가 만든다!"

순간의 기록 #한 문장 일기

두 번째 일기는 [한 문장 일기]입니다. 한 문장 일기는 그날 있었던 일, 생각과 느낌을 단 한 문장으로 압축해서 쓰는 거예요. 핵심 단어는 #으로 표시하고 그 밑에 한 문장 일기를 씁니다. 단 한 문장으로 써야 하기 때문에 오늘 있었던 일에 대해 깊이 고민해 보고 쓰게 된다는 장점이 있어요. 쌤은 15~20분 정도 오늘 있었던 일들에 대해 생각한 후에 단 한 줄로 표현한답니다.

<예시> 20XX. X .XX (수) #백미타 #기록
오늘은 백미타를 통해 우리 친구들과 소통하면서 기록의 힘을 다시 한번 느낀 날이다.

달리미들도 오늘 하루가 끝나기 전, 한 문장 일기를 써볼까요?

#[ ] #[ ]

감사의 말

확신의 말

운동 / 독서

to do list

88일차 미라클타임 월 일 시 분

우리 모두에게 공통으로 찾아오는 처음이 있어요.
바로 '오늘'이에요. 처음의 설렘을 안고, 오늘도 시작!

우리의 이야기 #해와 달

달리미는 해와 달 중에 무엇을 더 좋아해요? 선생님은 처음에 '해'라고 답했어요. 왜냐하면, 여름과 겨울 중에서도 해가 길다는 이유로 여름을 더 좋아하기 때문이에요. 그만큼 햇빛과 그 따스함을 참 좋아해요. 그러던 어느 날이었어요. 미라클 타임을 시작한 지 얼마 되지 않은 날이었죠. 새벽에 산책하다가 서쪽 하늘에 저물고 있는 그믐달을 보게 되었어요. 동쪽에서는 해가 조금씩 고개를 내미는데 서쪽으로는 달이 지고 있으니 정말 신기한 광경이었죠. 그 이후로도 노을이 지고 그 빈자리를 메우는 초승달, 해가 지자마자 떠오르기 시작하는 보름달을 보면서 달이 점점 좋아지기 시작했어요. 눈을 찌푸리지 않고도 직접 볼 수 있고 무엇보다 깜깜한 밤하늘에 가끔 별과 함께 떠 있는 걸 보면 마음이 평화로워졌거든요.

달리미는 어떤가요? 항상 떠 있는 해와 달이지만, 오늘은 새로운 눈으로 바라보면 좋겠어요. 햇빛과 달빛으로 더 빛나는 하루가 될 거니까.

감사의 말	
확신의 말	
운동 / 독서	
to do list			

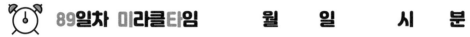

새벽시간은 오롯이 나만이 즐길 수 있는 시간이라 참 좋아.
달리미도 스스로에게 집중해보자

도전을 넘어 습관으로 3 #좋아하는 향 준비하기

우리는 보통 눈으로 보는 시각 정보나 귀로 듣는 청각 정보에 많이 노출되어 있습니다. 반면 숨을 쉬는 일은 너무나 자연스럽기 때문에 후각이 우리에게 미치는 영향에 대해서는 크게 생각하지 못하는 경우가 많지요. 하지만 후각은 우리에게 생각보다 많은 영향을 줍니다. 눈을 감고, 머리끝까지 덮었던 포근한 이불 냄새를 떠올리면 금세 마음이 편안해지는 것처럼요. 가끔은 주변에 보이는 꽃 가게를 방문해보세요. 여러 가지 향기가 달리미를 기분 좋게 만들어 줄 것입니다. 그리고 그중에서도 마음에 드는 허브를 찾아서 구입해보세요. 미라클 타임을 시작하기 전에 좋은 향을 마음껏 맡고 시작한다면 달리미의 몸 안에도 새로운 기운이 흐르는 것을 느낄 수 있을 거예요.

만일 허브를 키우기 어렵다면 내가 좋아하는 향의 바디로션을 찾아보아요. 그리고 잠자리에 들기 전 로션을 바르고 그 향을 충분히 느껴보세요. 행복한 잠자리가 내일을 더 기대하게 만들어줄 거예요.

감사의 말	
확신의 말	
운동 / 독서	
to do list	

1미타 3미타 7미타 21미타 50미타

90일차 미라클타임 월 일 시 분

울적할 때는 미라클 타임이 더 필요해.
미라클 타임을 통해 나쁜 감정을 흘려보낼 수 있기 때문이지.

현서쌤 수다 9 #마음에도 근육이 있어요

혹시 운동해보셨나요? 줄넘기, 달리기, 걷기 등 뭐든지요. 운동을 처음 시작하면, 생각보다도 훨씬 힘들죠? 그리고 다음 날 온몸이 쑤시고 다리가 아팠을 거예요. 하지만 아픈 걸 꾹 참고 며칠 운동을 하다 보면 점점 몸이 개운해지고 땀이 흐르는 걸 즐기게 됩니다. 튼튼한 몸을 갖게 되는 거죠. 마음도 마찬가지로 근육을 길러야 해요. 그런데 운동처럼 힘들고 아파도 참으라는 말은 아니에요. 마음 근육을 기르는 방법은 몸에 있는 근육을 기르는 방법과 전혀 다르기 때문이에요. 마음 근육을 키울 수 있는 좋은 방법, 이미 알고 계시죠? 바로 '미라클 타임'입니다. 부정적인 감정은 흘려보내고, '나'에 대해 집중하는 연습을 하는 거예요.

그리고 일상을 감사히 여기며 긍정적으로 생각하다 보면 어느새 마음 근육이 튼튼해져 있을 거예요. 우리 함께 미라클 타임을 통해 마음 근육을 키워볼까요? 💪

감사의 말	
확신의 말	
운동 / 독서	
to do list	

91일차 미라클타임 월 일 시 분

오른손으로 왼쪽 어깨를 잡아봐. 했어? 이제 왼손으로 오른쪽 어깨를 잡아봐. 외쳐봐! "사랑해 ❤ "

순간의 기록 #세 줄 일기

세 번째 일기는 [세 줄 일기]입니다. 지금 바로 '세 줄 일기' 앱을 깔아 휴대폰으로 일기를 써보세요! 관련 사진을 업로드하고 그에 맞는 글귀를 짧은 세 줄로 표현하는 것입니다. 짧은 세 문장으로 쓰기 때문에 부담도 없고, 시처럼 표현할 수도 있어요.

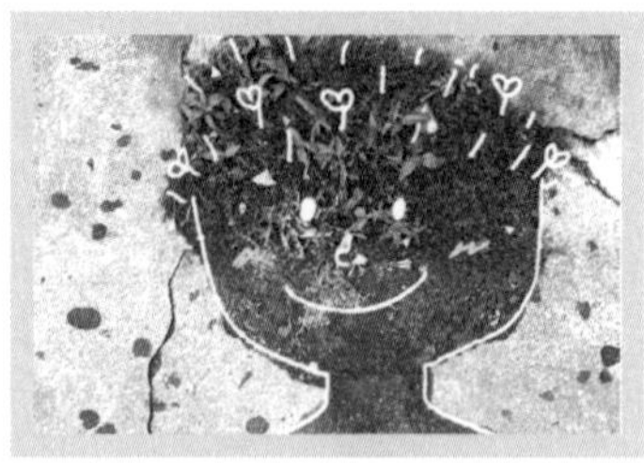

아스팔트 사이로 풀들이 솟아났다.

어린아이의 얼굴일까

입가에 미소를 그려주었다.

지금까지 감정 일기, 한 문장 일기, 세 줄 일기에 대해 살펴보았어요. 쌤이 소개한 것 중에서 가장 끌리는 것을 골라 달리미만의 일기를 써보아요.

감사의 말	
확신의 말	
운동 / 독서	
to do list	

1미타 3미타 7미타 21미타 50미타

92일차 미라클타임 월 일 시 분

오늘도 너를 만나 정말 감사한 날이야.
달리미 덕분에 선생님도 여기까지 올 수 있었어. 고마워

우리의 이야기 #세렌디피티(serendipity)

: 뜻밖의 재미나 기쁨.

유난히 지치고 힘든 날이 있었어요. 선생님은 버스를 타고 집에 갈까 고민하다가 걸어가기로 했죠. 그렇게 산책로를 걷다가 벤치가 보여 잠시 앉았는데, 하늘에서 벚꽃이 계속 떨어지는 거예요. 바람도 불지 않는데 벤치 바로 옆에 있는 나무에서만 꽃이 통째로 떨어지는 거 아니겠어요? 고개를 들어 유심히 봤더니 조그마한 참새가 부지런히 벚꽃을 따고 있지 뭐예요. 나도 모르게 피식 웃음이 나왔고, 카메라에 그 모습을 담았답니다. 여러 우연이 겹치지 않았더라면 보지 못했을 귀여운 순간이었어요. 힘든 것도 까맣게 잊게 한 '세렌디피티'였죠.

세렌디피티, 선생님은 이 단어를 참 좋아해요. 깜짝 선물처럼 찾아와 내게 행복을 안겨 주거든요. 달리미도 곧 세렌디피티를 만나게 될 거예요. 어느 날 불쑥!

감사의 말	
확신의 말	
운동 / 독서	
to do list			

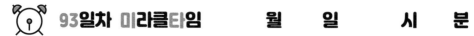

미라클 타임을 잘 지켜온 나를 위해 선물을 해보는 건 어때?
맛있는 간식, 그림, 글 뭐든지 좋아

도전을 넘어 습관으로 4 #사진으로 시간 기록하기

오늘은 미라클 타임을 사진으로 남겨볼까요? 우선 달리미가 마음에 드는 '타임 스탬프' 앱을 선택해서 다운로드해요. 그리고 달리미가 남기고 싶은 시간을 사진으로 기록해 봅시다. 선생님은 주로 아침에 일어나는 시간을 기록할 때 사용하고 있어요. 그리고 SNS에 올리죠. 달리미가 사용하는 SNS에서도 '미라클 모닝'을 검색해 볼까요? 세계적으로 많은 사람이 자신의 기상 시간을 공유하는 것을 쉽게 발견할 수 있을 거예요. 사람들은 이렇게 사진을 통해 서로를 응원하기도 한답니다.

이외에도 사진에 남겨진 시간을 분석해서 나의 문제 행동이 주로 언제 일어나는지를 파악해볼 수도 있습니다. 예를 들어 내가 이유 없이 자주 기분이 나빠진다면 나쁜 기분이 시작된 시간을 남겨보고 한번 쭉 나열해보세요. 이를 통해 다음 순간을 예측할 수도 있고 원인을 찾을 수도 있을 거예요. 이렇게 스마트 기기를 잘 활용한다면 달리미의 미라클 타임을 더 견고하게 만들 수 있습니다.

감사의 말	
확신의 말	
운동 / 독서	
to do list			

1미타 3미타 7미타 21미타 50미타

94일차 미라클타임 월 일 시 분

100일까지 일주일밖에 안 남았어!
남은 일주일도 행복으로 가득 채우길 바라. 

현서쌤 수다 10 #어제도 오늘도 잘 버텨주어 고마워요

혹시 힘이 없고 무기력한가요? 나도 모르게 사람들에게 짜증 내는 일이 많아졌나요? 그건 지금 내 몸이 힘들고 우울하다고 신호를 보내는 거예요. 힘들고 우울한 건 나쁜 게 아니에요. 오히려 그 마음을 억누르다 보면 분명 언젠가 튀어나오는 부정적인 마음에 잡아먹히게 됩니다. 우울함에 잡아먹히지 않으려면 그 감정을 충분히 느끼고 보내줘야 해요. 펑펑 울어도 좋고, 글로 써 내려가면서 털어내도 좋아요. 사실 선생님도 정말 외롭고 지칠 때 일기에 그 마음을 쓰면서 버텼답니다. 아! 밥도 잘 챙겨 먹어야 해요. 밤늦게 자는 건 절대 금물! 그리고 시간이 나면 주변을 산책하며 기분이 맑아지는 것도 경험해보세요. 그렇게 일상 속 소소한 행복을 찾고 누려보세요. 그래도 나아지지 않는다면 주변에 도움을 요청해야 합니다. 친구나 가족에게 털어놓거나 상담을 받아보아도 좋아요.

어제도 오늘도 잘 버텨주어 정말 고마워요.

감사의 말	
확신의 말	
운동 / 독서	
to do list	

95일차 미라클타임 월 일 시 분

이야~ 벌써 95걸음이나 왔단 말이야?
축하해 역시 난 네가 해낼 줄 알았어.

순간의 기록 # 블로그에 글쓰기

블로그에 나의 일상을 기록해보는 건 어때요? 오늘은 쏭쌤이 블로그 기록의 장점을 소개할게요.

첫째, 글을 주제별/시기별로 나누어 정리하고 보관할 수 있어요. 쌤은 [미라클 타임/학교/독서/일상]으로 카테고리를 나누어서 기록해요.

둘째, 블로그를 예쁘게 꾸며 나만의 공간을 만들 수 있어요. 공간을 관리하면서 '내 공간'과 '나의 존재'에 대한 애착이 생깁니다.

셋째, 블로그의 '검색 기능'을 활용하면 내가 기록했던 것을 쉽게 찾아볼 수 있어요. 선생님은 마음 관리를 할 때도 검색 기록을 활용해요. 우울할 때는 그 감정에 계속 빠지지 않도록 블로그의 검색창에 '우울'을 검색해요. 내가 쓴 글을 읽어보면서 어떤 상황에서 우울한지, 우울을 어떻게 극복했는지를 알게 되죠.

이렇게 블로그 기록은 장점이 많답니다. 달리미들, '나'에 대해 써보고 싶어졌나요?

감사의 말	
확신의 말	
운동 / 독서	
to do list	

1미터 3미터 7미터 21미터 50미터

96일차 미라클타임 월 일 시 분

걸어도 되고 뛰어도 되고 쉬어도 돼. 단지 내 숨소리에 집중하면서 가면 되는 거야. 이 길에 심판은 없어.

우리의 이야기 #누구나 각자에게 맞는 방법이 있다

유재석을 아시나요? 그가 한 TV 프로그램에서 목표에 관한 질문을 받고는 이렇게 대답했어요. "저는 목표가 없어요. 목표나 계획을 갖는 걸 애초에 싫어해요. '어디까지 가야 한다'에 대한 굉장한 스트레스가 있어요. 그래서 목표나 계획을 세우는 스타일이 아니에요." 처음 이 말을 들었을 때는 많이 놀랐습니다. 전혀 예상하지 못했던 대답이었거든요. 목표나 계획 없이 어떻게 그 자리까지 갈 수 있었을까 하고 갸우뚱하고 있는데 그가 말합니다. "그런데, 저는 맡은 일은 최선을 다해서 합니다." 이어진 그의 말에서 선생님의 궁금증이 해결되었습니다. 유재석의 영향력은 혼신의 힘으로 최선을 다하는 태도에서 오는 것이었어요.

목표나 계획을 세우지 말라는 뜻이 아닙니다. 왜냐하면 선생님은 목표를 갖고 계획을 세우는 일이 정말 즐겁거든요. 누구든 각자에게 맞는 방법이 있듯이, 달리미에게 맞는 방법도 분명 있답니다.

감사의 말	
확신의 말	
운동 / 독서	
to do list	

월 일 시 분

역시 쌤이 사람 보는 눈이 있다니까.
그동안 함께 뛰어서 너무 행복했단다

도전을 넘어 습관으로 5 #생각을 행동으로 옮기기

이제 머리로는 어떻게 미라클 타임을 즐길 수 있는지 잘 알 거예요. 하지만 행동으로 이어지지 않을 때는 많이 답답할 수 있어요. 그래서 생각을 행동으로 옮기기 위한 두 가지 방법을 소개해봅니다. 첫째, 포스트잇 활용하기. 달리미가 만들고 싶은 습관을 포스트잇에 적어서 잘 보이는 곳에 붙여보세요. 예를 들어, 아침에 물 마시는 습관을 만들고 싶다면 '일어나자마자 물 한 잔 마시기'를 방문에 붙여 두는 거죠. 그럼 방문을 열 때마다 일어나서 물 한 잔 마시기를 되새기게 될 거예요. 둘째, 알람 맞추기. 포인트는 만들고 싶은 습관을 알람의 내용으로 설정하는 것입니다. 예를 들어, 하교 10분 전 시간으로 '오늘 하루 돌아보기' 알람을 맞춰둔다면, 하교 10분 전 늘 같은 알람을 보게 되겠죠. 알람이 반복적으로 울리다 보면 어느새 몸이 그 시간을 기억하게 됩니다.

그동안 최선을 다해 달려온 달리미가 선생님은 정말로 자랑스럽습니다. 앞으로의 백미타도 잘 마무리하길 끝까지 응원할게요.

감사의 말	
확신의 말	
운동 / 독서	
to do list	

98일차 미라클타임 월 일 시 분

노력이란 부메랑을 날려보면 반드시 성공이란 부메랑이 돌아온대! 98일동안 노력한 널 칭찬해

현서쌤 수다 11 #성공해본 사람만이 도전하라 말한다.

선생님이 취미로 유튜브를 시작한다고 했을 때, 주변에 많은 사람이 "에이~구독자 모으는 게 얼마나 힘든 줄 알아? 어려울걸."하고 말했습니다. 반면 성공한 크리에이터는 유튜버에 도전해보라고 말하더라고요. 선생님이 책을 써보고 싶다고 했을 때도 주변에 많은 사람이 "책? 책도 똑똑하고 많이 아는 사람이 쓰는 거지 아무나 쓰는 거 아니야~"라고 이야기했어요. 반면 많은 작가는 도전해보라고 말하더군요. 그래서 어떻게 되었을까요? 선생님은 크리에이터가 되었고, 또 작가로서 백.미.타에서 달리미를 만나고 있습니다. 성공해본 사람만이 도전하라 말합니다. 그러니 타인의 말과 시선에 휘둘리지 말고 원하는 게 있다면 끝까지 도전해보세요!

아, 그리고 누군가 달리미에게 "나도 백.미.타 할 수 있을까?"라고 묻는다면, "나도 성공했어. 너도 해봐~"라고 자신 있게 이야기해 주세요.

감사의 말	
확신의 말	
운동 / 독서	
to do list			

99일차 미라클타임 월 일 시 분

한 발자국만 더 가면 백일이야! 백미타로 얻은 에너지를 다른 친구들에게도 전해주는 사람이 되기를

순간의 기록 #영상으로 남기기

쌤은 다른 지역에 놀러 가면 꼭 영상을 한 개씩은 남겨둔답니다. 영상을 남기다 보니 한 가지 습관이 생겼어요. 그 장소를 한 바퀴 돌면서 "여기는 <장소 이름: 000>입니다~"라고 말하는 영상을 찍는 것이죠. 누구한테 보여주려고 영상을 남기기보다는 그 장소의 느낌, 함께 있는 사람, 그 사람과 나의 목소리를 담으려고 하는 편이에요. 그렇게 영상을 찍으면 좋아하는 사람들의 자연스러운 모습과 여행 장소가 생생하게 담겨서 좋아요. 영상을 잘 찍어야 한다거나 글로 기록을 남겨야 하는 부담도 없죠.

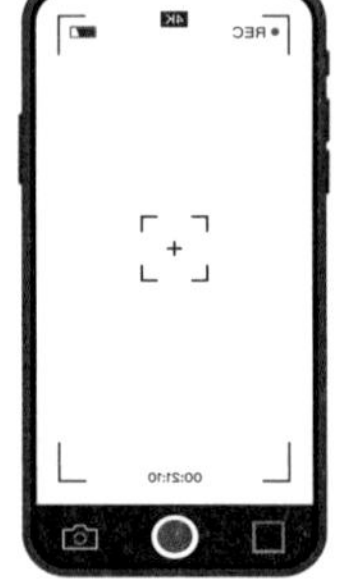

혹시 글을 쓰는 것이 어려운 친구들은 핸드폰을 꺼내 비디오 녹화 버튼을 한번 눌러보세요! 여러분의 소중한 추억이 켜켜이 쌓일 거예요.

감사의 말	
확신의 말	
운동 / 독서	
to do list	

1미타 3미타 7미타 21미타 50미타

100일차 미라클타임 월 일 시 분

네가 해냈어! 100일 동안 쌓아 온 매일매일이 사실은 기적이었어. 오늘도 반짝반짝 빛나는 널 응원할게

100일, 그 기적의 순간들 #백미타 완주 성공! 축하해요

우와! 드디어 100일 차입니다. 여기까지 힘껏 달려온 달리미가 정말 대단해요! 오늘은 지난 100일간의 기록을 한 장 한 장 넘겨보며 내가 달려온 길을 되돌아볼까요. 첫 기록을 했던 날, 작심삼일을 극복한 날, 하루쯤은 쉬고 싶었던 날, 감사의 말이 자연스럽게 떠올랐던 날, 완주를 코앞에 두었던 날, 그리고 오늘. 100일의 기적을 이루어 낸 스스로가 정말 대견하고 뿌듯할 거예요. 지금 느껴지는 모든 감정을 온 마음으로 느껴보아요. 그리고 이 찬란하고 멋진 경험을 꼭 기억하세요. 언젠가 지금의 기억이 자신을 지킬 수 있는 든든한 버팀목이 될 거예요.

자, 오늘로써 우리 달리미에게는 또 다른 기적을 이루어 낼 힘과 용기가 생겼습니다! 새로운 기적을 만들어볼까요?

나 (내 이름)의 미라클 타임은 여기서 끝이 아닌, 또 다른 시작이니까.

감사의 말	
확신의 말	
운동 / 독서	
to do list	

와~!

백미타

부록 1

부록 2

부록 3

부록 4

부록 5

백미타
완주 수료증

부록 1 의 마인드맵

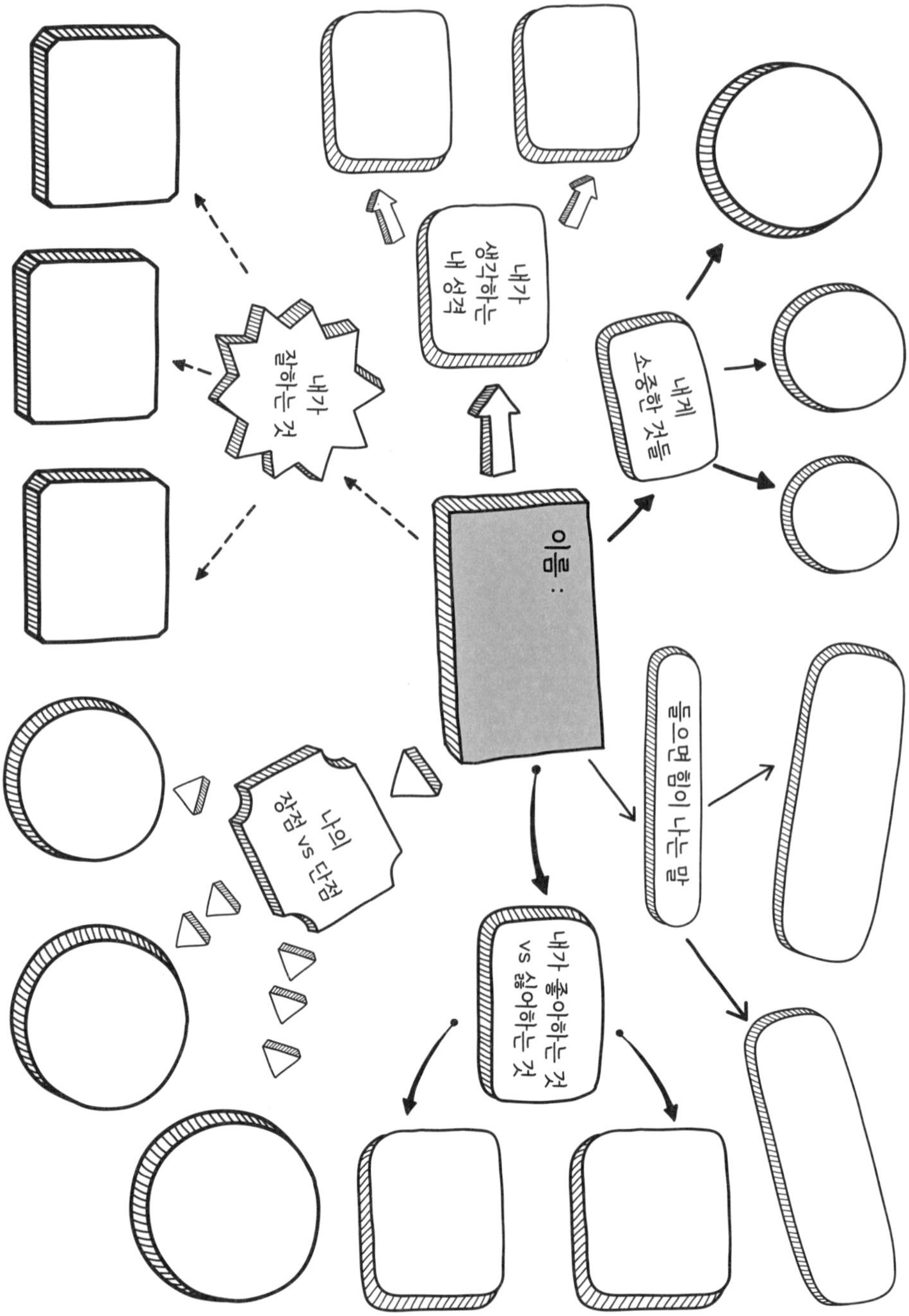

이름 :

내가 생각하는 내 성격

내가 잘하는 것

내게 소중한 것들

나의 장점 vs 단점

내가 좋아하는 것 vs 싫어하는 것

들으면 힘이 나는 말

부록 2 감정 달력

월	화	수	목	금	토	일

부록 3 컬러링

부록 4 인생 그래프

인생 그래프 그리는 법

1. 우선 내가 그리로 싶은 기간을 정합니다. 태어난 순간부터 지금까지로 해도 좋고, 지난 1년 동안으로 해도 좋아요.
2. 기간을 정했다면 처음부터 지금까지 돌이켜보며 기억에 남는 큰 사건을 핵심 단어로 나타내요.
3. 그 사건에 있었을 때의 내 마음이 어땠는지 떠올려보고, 점수를 메기고 점을 찍습니다.
4. 그 점끼리 연결합니다.
5. 앞으로의 내 인생에 어떤 행복이 찾아올지 상상하면서 미래 인생 그래프도 완성해봅시다.

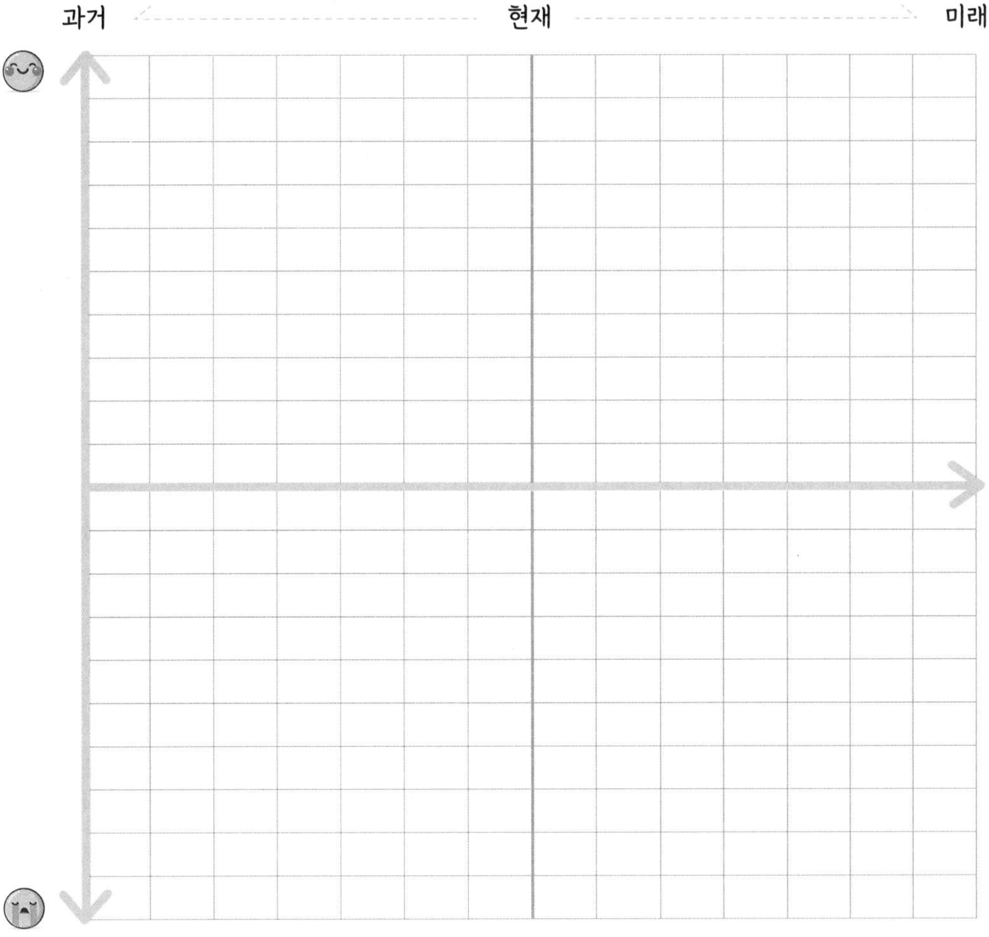

과거 ------ 현재 ------ 미래

부록 5

에게 쓰는 편지

백미타 완주
수료증

성명 :

위 사람은 성실하고 꾸준한 자세로
100일간의 미라클 타임을
완주하였기에
이 수료증을 드립니다.

20 . .

백미타

1판 1쇄 발행 2021. 10. 01

지 은 이 배민관, 김현서, 손민지, 송민주
발 행 인 박윤희
발 행 처 도서출판 이곳
디 자 인 디자인스튜디오 이곳
교정.교열 김유진
등 록 2018. 10. 8 신고번호 제 2018-000118호
주 소 서울시 송파구 송파대로44길 9(송파동) 402호
팩 스 0504.062.2548

잘못 만들어진 책은 구입하신 곳에서 교환해드립니다.
값은 뒤표지에 있습니다.

ISBN 979-11-968772-8-6 (43190)

도서출판이곳
우리는 단순히 책을 만들지 않습니다.
작가와 책이 마주치는 이곳에서 끊임없이 나음을 넘어 다름을 생각합니다.

홈페이지 www.bookndesign.com
이 메 일 bookndesign@daum.net
유 튜 브 도서출판이곳
블 로 그 https://blog.naver.com/bookndesign-it
인스타그램 @book_n_design @here_book_books

이 도서의 국립중앙도서관 출판예정도서목록(CIP)은 서지정보유통지원시스템 홈페이지(http://seoji.nl.go.kr)와 국가자료종합목록시스템(http://www.nl.go.kr/kolisnet)에서 이용하실 수 있습니다.